핵심만 쏙쏙!

쉽게 배우는 파이썬

양숙희 · 장은실 · 오경선 지음

배움터

핵심만 쏙쏙! 쉽게 배우는 파이썬

초판인쇄 2025년 1월 17일
초판발행 2025년 1월 24일

지은이 양숙희, 장은실, 오경선
펴낸이 김민수
펴낸곳 (도서출판)배움터 / **주소** 경기도 파주시 광인사길 143
출판사 등록일 2005년 1월 31일 / **신고번호** 제406-4060000251002005000003호
대표전화 (031)955-7990 / **팩스** (031)955-0768

책임편집 이종무 / **편집** 신성민, 최동진 / **디자인** 유준범, 노유안
마케팅 최복락, 심수경, 차종필, 백수정, 송성환, 최태웅, 명하나, 김민정
인쇄·제본 (주)상지사P&B

ISBN 978-89-89383-12-3 93000
정가 24,000원

머릿말

이 책은 누구를 위한 책인가요? "파이썬"이라는 단어를 들어보긴 했지만, 어디서부터 시작해야 할지 막막하신가요? 혹은 프로그래밍의 기초를 다지고 싶지만, 어려운 용어와 복잡한 설명에 좌절했던 경험이 있나요? 이 책은 바로 그런 여러분을 위해 만들었습니다.

프로그래밍은 더 이상 전문가들만의 도구가 아닙니다. 데이터 분석, 인공지능, 웹 개발 등 다양한 분야에서 필수적인 기술로 자리 잡은 파이썬은 누구나 쉽게 시작할 수 있는 가장 친근한 언어로 평가받고 있습니다. 하지만 처음 접하는 초보자에게는 막연함과 두려움이 앞서기 마련입니다. 이 책은 그러한 부담감을 덜어 주고, 파이썬을 통해 새로운 가능성을 열어가는 첫걸음을 지원합니다.

특히 프로그래밍을 처음 접하는 분들에게는 단순히 문법을 나열하는 책이 아닌, 실질적으로 '어떻게' 사용하는지를 보여주는 가이드가 필요합니다. 이 책은 그러한 필요를 충족하기 위해 실생활에서 활용할 수 있는 예제와 체계적인 학습 경로를 제공하며, 여러분이 스스로 학습하고 성장할 수 있도록 돕는 데 중점을 두었습니다.

파이썬은 초보자도 쉽게 접근할 수 있는 단순함과 강력한 확장성을 동시에 갖춘 언어입니다. 이 책은 그러한 파이썬의 장점을 최대한 활용하여, 간단한 계산에서부터 파일 처리, 실습 프로젝트에 이르기까지 폭넓은 내용을 담고 있습니다. 학습 과정에서 마주할 수 있는 어려움을 최소화하기 위해 친절한 설명과 함께 문제를 풀어나가는 방법을 제시하며, 독자가 단순한 암기가 아닌 '이해'를 통해 학습할 수 있도록 설계하였습니다.

또한, 프로그래밍 학습에 있어 가장 중요한 것은 '스스로 문제를 해결하는 힘'입니다. 이 책은 단원마다 실습 문제와 프로젝트를 통해 이를 체득할 수 있도록 구성했습니다. 여러분은 단순히 코드를 작성하는 데 그치지 않고, 실생활에서 접할 수 있는 문제를 해결하는 과정을 통해 '프로그래머의 사고방식'을 배울 수 있을 것입니다.

이 책은 비전공자와 전공자 모두를 아우르는 구성으로 이루어져 있습니다. 비전공자는 프로그래밍 입문서로서 이 책을 활용할 수 있으며, 전공자는 핵심 개념을 정리하고 실전 문제해결 능력을 향상하는 데 도움을 받을 수 있습니다. 특히 학습 난이도를 단계적으로 설계하여 초보자도 부담 없이 시작할 수 있도록 배려하였습니다

프로그래밍은 단순히 기술을 배우는 것을 넘어, 사고의 틀을 넓히고 문제를 보는 새로운 시각을 제공하는 도구입니다. 이 책을 통해 여러분은 프로그래밍의 기본기를 다지는 것은 물론, 더 나아가 컴퓨팅 사고력을 키우는 기회를 얻게 될 것입니다. 새로운 도전을 시작하는 여러분의 여정에 이 책이 든든한 동반자가 되기를 바랍니다.

2025년 1월
저자 양숙희, 장은실, 오경선

이 책의 특징과 구성

이 책의 특징

1. 핵심만 담았습니다!

파이썬의 기초를 다지는 데 꼭 필요한 내용을 선별하여 복잡함을 최소화했습니다. "왜 파이썬인가?"라는 질문에서 시작해 기본 자료형, 입출력 함수, 조건문과 반복문, 그리고 파일 처리까지 초보자도 쉽고 체계적으로 따라올 수 있도록 단계적으로 구성했습니다.

2. 쉽게 배울 수 있습니다!

코드가 보이면 두렵다구요? 간결한 예제와 친절한 설명으로 "이해"와 "응용"을 함께 경험할 수 있습니다. "어떻게 출력이 이뤄질까?"라는 질문에 답하는 명확한 입출력 방식부터 실생활 예제를 기반으로 한 프로젝트 실습까지 단계별로 구성했습니다.

3. 실용적인 예제

실제로 활용할 수 있는 실용적이고 흥미로운 예제를 통해 학습 효과를 극대화했습니다. 실생활에서 접할 수 있는 응용 프로그램을 다룹니다. 단순한 코드 작성에서 나아가 직접 실행하며 성취감을 느낄 수 있습니다.

4. 성장형 학습 설계

이 책은 단순히 읽고 끝나는 책이 아닙니다. 매 장의 끝에 마련된 실습 문제와 중간 체크 포인트를 통해 자신의 학습 진도를 점검하고, 점차 난도가 상승하는 구조로 설계되었습니다.

5. 종합 프로젝트로 실전 감각 배양

단순한 이론을 넘어 자판기 설계와 같은 프로젝트 실습으로 실제로 작동하는 프로그램을 만들어 보는 과정을 제공합니다. 이론과 실습을 융합하여 실전 감각을 배양할 수 있습니다.

이 책의 구성

1. 이 책은 파이썬의 기초부터 실전 응용까지 체계적으로 다룹니다. 전반부에서는 변수와 자료형, 입출력 함수 등 기초 문법을 중심으로 학습하며, 후반부에서는 반복문, 함수, 파일 입출력, 그리고 종합 프로젝트를 통해 실생활 문제를 해결하는 능력을 키웁니다.

2. 학습 진도는 초보자와 중급 학습자를 고려하여 전공자와 비전공자가 모두 활용할 수 있도록 설계되었습니다. 예제와 실습 중심으로 구성되어 있으며, 단원마다 학습 내용을 확인할 수 있는 문제를 포함해 실전 감각을 익힐 수 있습니다.

이 책이 여러분의 시작이 됩니다! 《핵심만 쏙쏙!! 쉽게 배우는 파이썬》은 단순히 문법을 가르치는 책이 아닙니다. 이 책은 여러분이 프로그래밍의 즐거움을 발견하고 스스로 문제를 해결하며 자신감을 키울 수 있는 여정을 제공합니다. 프로그래밍을 처음 접하는 초보자도, 더 깊이 배우고 싶은 중급자도 이 책을 통해 파이썬의 세계를 탐험할 수 있습니다.

처음부터 쉽고 명확하게 시작할 수 있도록 구성된 이 책은, 여러분이 프로그래밍의 기본기를 다지고 실전 감각을 키울 수 있도록 돕습니다. 각 단원은 독자의 학습 속도와 이해도를 고려하여 설계되었으며, 간단한 문제 풀이에서부터 종합 프로젝트에 이르는 다양한 단계로 구성되어 있습니다. 이러한 과정은 단순히 지식을 쌓는 데서 그치지 않고, 실질적인 응용 능력을 기르는 데 초점이 맞춰져 있습니다.

프로그래밍은 단순히 코드 작성 이상의 가치를 가지고 있습니다. 그것은 문제를 해결하고, 더 나아가 새로운 가치를 창출하는 도구입니다. 이 책은 여러분이 이러한 도구를 자유롭게 활용할 수 있는 능력을 갖추도록 안내할 것입니다. 스스로 프로그램을 설계하고, 실행하며, 그 결과를 분석하는 과정을 통해 여러분은 프로그래밍의 진정한 매력을 느낄 수 있을 것입니다.

여러분의 작은 도전이 큰 가능성을 열어줄 것입니다. 이제 파이썬과 함께 여러분만의 여정을 시작하세요. 이 책이 그 첫걸음을 내딛는 데 든든한 동반자가 되어 드리겠습니다!

강의 계획안

학습 진도표				
주	비전공자		전공자	
1	1장	왜 파이썬인가?	1장	왜 파이썬인가?
2	2장	변수와 연산자	2장	변수와 연산자
3	3장	표준 입 · 출력 함수	3장	표준 입 · 출력 함수
4	4장	기본 자료형과 문자열형	4장	기본 자료형과 문자열형
5	5장	컬렉션 자료형	5장	컬렉션 자료형
6	6장	파이썬 선택문	6장	파이썬 선택문
7	7장	파이썬 반복문	7장	파이썬 반복문
8	중간고사			
9	7장	파이썬 반복문	8장	제어문 활용
10	8장	제어문 활용	9장	함수
11	9장	함수	10장	파일 입 · 출력
12	11장	종합 프로젝트 실습 1	11장	종합 프로젝트 실습 1
13	11장	종합 프로젝트 실습 2	11장	종합 프로젝트 실습 2
14	11장	종합 프로젝트 실습 2	11장	종합 프로젝트 실습 3
15	기말고사			

차례

Chapter 4

기본 자료형과 문자열형

Chapter 5

컬렉션 자료형

Chapter 6

파이썬 선택문

Chapter 7

파이썬 반복문

Chapter 8

제어문 활용

Chapter 9

함수

Chapter 10

파일 입 · 출력

Chapter 11

종합 프로젝트 실습

Chapter 01

왜 파이썬인가?

1.1 왜 파이썬인가?

1.2 파이썬으로 무엇을 할 수 있는가?

1.3 파이썬 설치 및 살펴보기

■ 요약

■ 연습문제

학습목표

★ 파이썬의 기본 개념과 특징을 설명할 수 있습니다.

★ 파이썬의 실행환경을 구성하고 사용방법을 익혀 프로그램을 작성할 수 있습니다.

CHAPTER

01 왜 파이썬인가?

최근 4차 산업혁명으로 학문 간의 장벽이 허물어지고, 정보통신기술을 비롯한 인공지능, 로봇, 사물인터넷 등 다양한 산업들이 결합되어 우리의 삶은 크게 변하고 있습니다. 과거에는 한 분야에서 독자적이고 뛰어난 기술을 가지는 것이 중요했다면 이제는 다양한 분야 간에 관계를 찾아 연결하여 새로운 가치를 창출할 수 있는 것이 중요하게 되었고, 이는 4차 산업혁명을 이끌 핵심 요소가 되었습니다.

4차 산업혁명에 필요한 능력이란 무엇일까요?

자신이 속한 분야에서 4차 산업의 본질을 이해하고 능동적으로 일할 수 있는 힘이라 말할 수 있을 것입니다. 4차 산업혁명 시대는 현상적으로 초연결, 초지능, 초현실 등으로 나타나지만, 결국에 모든 분야에 "컴퓨팅 내재화"로 귀결됩니다. "컴퓨팅 내재화"는 자신의 영역에 컴퓨터과학 원리와 개념을 활용하여 논리적으로 풀어낼 수 있는 방법을 통해 배양됩니다. 우리는 이것을 컴퓨팅사고라 합니다. 컴퓨팅사고를 함양할 수 있는 효율적인 도구가 프로그램 언어입니다. 프로그램 언어로 코딩하는 과정 속에서 컴퓨팅사고를 길러낼 수 있는 것입니다. 그러므로 전 세계에서는 컴퓨팅사고를 기르기 위한 방법으로 코딩 교육에 힘을 쏟고 있고 국내도 예외는 아닙니다.

1.1 왜 파이썬인가?

파이썬(Python)은 최근에 많은 인기를 얻고 있는 프로그래밍 언어입니다. 파이썬은 1991년에 귀도 반 로섬(Guido van Rossum)이 개발한 대화형 프로그래밍 언어입니다. 파이썬이라는 이름은 귀도가 좋아하는 BBC 방송의 코미디 "Monty Python's Flying Circus"에서 따온 것입니다. 귀도는 파이썬이라는 이름이 징그러운 파충류와는 전혀 관계가 없다는 점을 강조하였습니다.

우리는 수많은 프로그래밍 언어 중 왜 파이썬을 선택해서 배워야 할까요?

(1) 배우기 쉬움(초보자 친화적)

이유는 간단합니다. 쉽게 배울 수 있기 때문입니다. C++과 같은 프로그래밍 언어는 컴퓨터에게 구체적이고 세세한 명령을 제시해야 합니다. 실행결과를 출력하는 예를 보면 쉽게 이해할 수 있습니다.

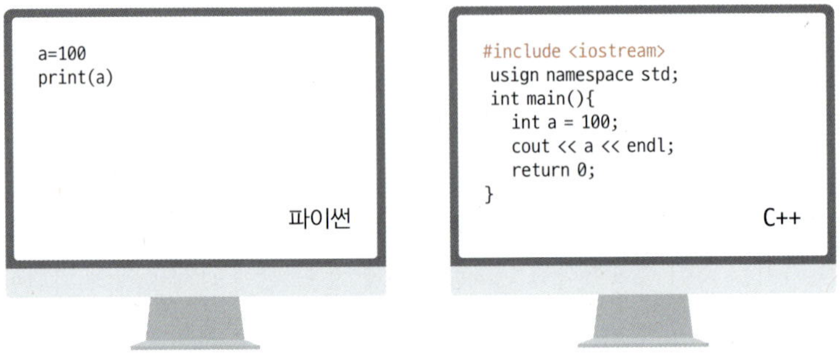

파이썬의 2줄이 훨씬 편하고 쉽다는 것을 알 수 있습니다. 더욱이 파이썬은 자주 사용하는 영어 키워드를 사용하기 때문에 가독성이 매우 좋습니다.

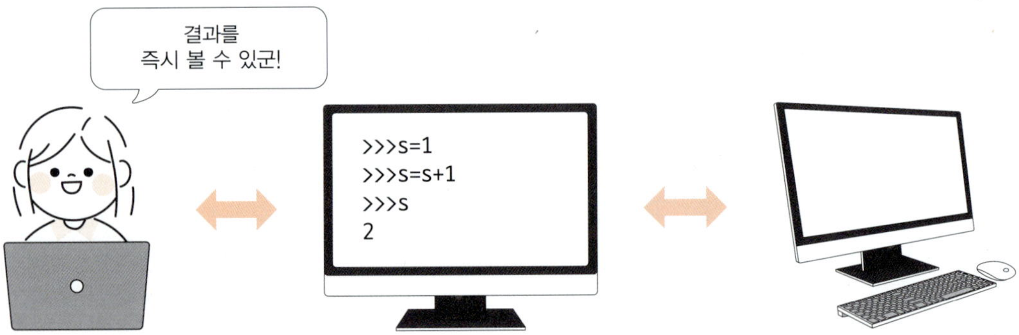

(2) 다양한 직업의 기회

이렇게 단순히 쉽다는 이유만으로 파이썬을 배워야 할까요? 이런 이유라면 '스크래치와 같은 교육용 프로그래밍 언어가 더 좋은데?'라고 생각할 수도 있습니다. 파이썬이 스크래치와 같은 교육용 프로그래밍 언어와 다른 점은 실무에서 많이 사용한다는 것입니다. 이는 IT 산업에서 파이썬의 수요가 매우 높아 다양한 직업의 기회를 얻을 수 있다는 의미이기도 합니다.

Sep 2024	Sep 2023	Change	Programming Language	Ratings	Change
1	1		Python	20.17%	+6.01%
2	3	^	C++	10.75%	+0.09%
3	4	^	Java	9.45%	-0.04%
4	2	v	C	8.89%	-2.38%
5	5		C#	6.08%	-1.22%
6	6		JavaScript	3.92%	+0.62%
7	7		Visual Basic	2.70%	+0.48%

그림 1.1 〈출처: https://www.tiobe.com/tiobe-index/〉

인스타그램과 드롭박스 모두 파이썬으로 초기 개발을 시작하여 여전히 많은 부분에서 파이썬을 사용하고 있습니다.

그림 1.2

(3) 활발한 커뮤니티와 풍부한 라이브러리 지원

파이썬을 배워야 하는 또 다른 이유는 공부하기에 매우 편리한 환경이 제공된다는 점입니다. 파이썬은 전 세계적으로 널리 사용되는 언어인 만큼, 인터넷에서 쉽게 자료를 찾고 공부할 수 있는 환경이 잘 마련되어 있습니다. 궁금한 점이 있을 때, 검색을 통해 다양한 해결책을 빠르게 찾을 수 있으며, 방대한 튜토리얼과 예제 코드가 제공되어 학습 속도를 높일 수 있습니다.

또한, 파이썬에는 활발한 커뮤니티가 존재하여, 다양한 프로그래밍 문제나 궁금증에 대한 답을 쉽게 얻을 수 있습니다. 기본적인 문법부터 고급 개념에 이르기까지 커뮤니티를 통해 도움을 받을 수 있습니다. Stack Overflow, Reddit, GitHub 같은 플랫폼에서 활발한 토론이 이루어지고 있으며, PyCharm, Jupyter Notebook, Repl.it과 같은 다양한 학습 도구도 제공되어 학습 경험을 더 풍부하게 만들어 줍니다.

이러한 학습 환경 덕분에 파이썬을 배우는 과정은 다른 언어에 비해 상대적으로 쉽고, 빠르게 실력을 향상시킬 수 있습니다.

(4) 확장성과 통합성

마지막으로 파이썬을 선택하는 이유는 강력하다는 것입니다. 어느 환경에서든 사용할 수 있고 다른 프로그래밍 언어와 결합하여 다양한 환경에서 쉽게 실행됩니다. 파이썬과 C의 경우, 프로그램의 전반적인 뼈대는 파이썬으로 만들고, 빠른 실행 속도가 필요한 부분은 C로 만들어서 파이썬 프로그램 안에 포함시킵니다. 우리가 사용하는 파이썬 라이브러리 중에는 파이썬만으로 제작된 것도 많지만, C로 작성한 것도 많습니다.

✓ Python의 특징

1. 문법이 쉽고, 프로그램의 작성이 간단합니다.
2. 실무에서 많이 사용되어 활용합니다.
3. 학습 환경이 풍부합니다.
4. 다른 프로그래밍 언어와 결합하여 다양한 환경에서 실행 가능합니다.

1.2 파이썬으로 무엇을 할 수 있는가?

파이썬으로 할 수 있는 일은 아주 많습니다. 이유는 간단합니다. 파이썬은 쉽고 깔끔하게 처리하기 때문입니다. 파이썬으로 할 수 있는 일들을 나열하면 수도 없이 많지만, 몇 가지를 정리하면 다음과 같습니다.

(1) 시스템 유틸리티 제작

파이썬은 운영체제(윈도우, 리눅스 등)의 시스템 명령어를 자체적으로 가지고 있습니다. 그렇기 때문에 이를 바탕으로 갖가지 시스템 유틸리티를 만드는 데 유리합니다.

※ 유틸리티란 컴퓨터 사용에 도움을 주는 여러 소프트웨어를 말합니다.

(2) GUI 프로그래밍

GUI(Graphic User Interface) 프로그래밍이란 사용자가 쉽게 사용할 수 있도록 화면에 그래픽 기반으로 마우스나 키보드로 조작할 수 있는 메뉴, 버튼, 그림과 같은 프로그램을 말합니다. 파이썬은 GUI 프로그램을 만들기 쉽습니다. 파이썬 프로그램을 설치할 때 함께 설치된 Tkinter(티케이인터)를 이용해 GUI 프로그램을 만들 수 있습니다. Tkinter를 사용하면 단 3줄의 소스 코드만으로 윈도우 창을 띄울 수 있습니다.

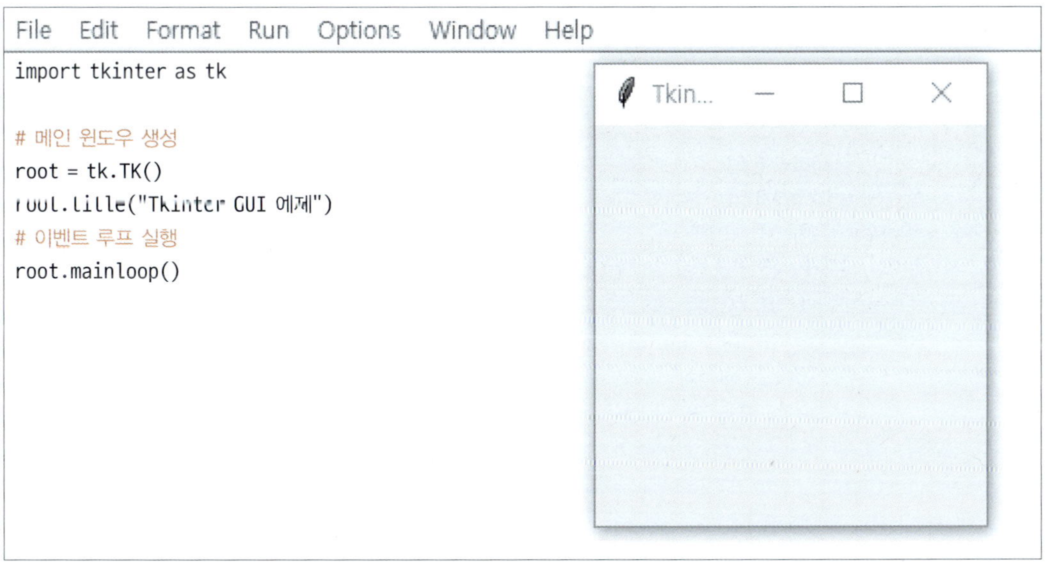

(3) 웹 프로그래밍

우리는 익스플로러나 크롬과 같은 웹 브라우저를 이용해 웹 서핑을 합니다. 이때 인스타그램에 글을 남기거나 댓글을 달았던 경험이 있을 것입니다. 또는 상품평에 글을 작성하기도 합니다. 이러한 프로그램을 웹 프로그램이라고 합니다. 파이썬을 이용해 웹 프로그램을 만들 수 있습니다. 구글이나 드롭박스도 파이썬을 사용하는 대표적인 예입니다.

(4) 수치 연산 프로그래밍

파이썬은 NumPy라는 수치 연산 모듈을 제공합니다. 데이터 분석을 할 때 기초 라이브러리로 사용됩니다. 이 모듈은 C로 만들어졌기 때문에 수치 연산이 빠릅니다.

```
import numpy as np

# 두 배열 생성
array1 = np.array([1, 2, 3, 4, 5])
array2 = np.array([5, 4, 3, 2, 1])

# 배열의 요소별 덧셈
print(array1 + array2)

# 배열의 요소별 곱셈
print(array1 * array2)

# 배열 요소의 평균 계산
print(np.mean(array1))
print(np.mean(array2))
```

```
[6 6 6 6 6]
[5 8 9 8 5]
3.0
3.0
```

(5) 데이터 분석

판다스(Pandas)는 파이썬 데이터 처리를 위한 라이브러리입니다. 판다스(pandas)라는 모듈을 이용하면 데이터 분석을 쉽게 할 수 있습니다.

```
# 라이브러리 불러오기
import pandas as pd
# 데이터셋 불러오기
df = pd.read_csv('medical.csv')
# 앞에 5개 행 데이터 확인하기
df.head()
```

	PatientId	AppointmentID	Gender	ScheduledDay	AppointmentDay	Age	Neighbourhood	SMS_received	No-show
0	2.990000e+13	5642903	F	2016-04-29T18:38:08Z	2016-04-29T00:00:00Z	62	JARDIM DA PENHA	0	No
1	5.590000e+14	5642503	M	2016-04-29T16:08:27Z	2016-04-29T00:00:00Z	56	JARDIM DA PENHA	0	No
2	4.260000e+12	5642549	F	2016-04-29T16:19:04Z	2016-04-29T00:00:00Z	62	MATA DA PRAIA	0	No
3	8.680000e+11	5642828	F	2016-04-29T17:29:31Z	2016-04-29T00:00:00Z	8	PONTAL DE CAMBURI	0	No
4	8.840000e+12	5642494	F	2016-04-29T16:07:23Z	2016-04-29T00:00:00Z	56	JARDIM DA PENHA	0	No

그렇기 때문에 데이터를 다루는 작업은 판다스를 필수 라이브러리로 사용합니다.

Python으로 할 수 있는 일

1. 시스템 유틸리티 제작
2. GUI 프로그래밍
3. 웹 프로그래밍
4. 수치 연산 프로그래밍
5. 데이터 분석

파이썬은 범용성 있는 언어이지만, 특정 분야에서는 최적의 선택이 아닐 수 있습니다. 특히 시스템 프로그래밍이나 모바일 앱 개발과 같은 일부 영역에서는 다른 언어들이 더 적합할 때가 많습니다. 하드웨어에 직접 접근해야 하는 윈도우, 리눅스와 같은 운영체제, 빠른 속도를 요구하는 연산이 필요한 프로그램 등을 만드는 것은 파이썬에 어울리지 않습니다.

Python으로 할 수 없는 일

1. 시스템과 밀접한 프로그래밍 영역
2. 모바일 프로그래밍

1.3 파이썬 설치 및 살펴보기

파이썬을 실행하는 여러 가지 방법 중에 구글 코랩 또는 파이썬 개발 도구의 사용 방법을 살펴볼까요?

(1) 구글 코랩 환경설정

구글 Colaboratory(줄여서 'Colab'이라고 함)를 통해 파이썬 프로그램을 설치할 필요 없이 브라우저 내에서 Python 스크립트를 작성하고 실행할 수 있습니다. 이러한 코랩은 클라우드 기반으로 온라인 환경이면 어디서나 접속하여 코드를 작성할 수 있고 구글 드라이브나 깃허브(github)와 연동해서 사람들과 협업하여 코딩이 가능합니다. 이외에도 코랩은 판다스(pandas), 맷플롯립(Matplotlib), 사이킷런(Scikit-learn), 케라스(Keras), 텐서플로(TensorFlow) 등의 머신러닝 라이브러리를 별도의 설치 없이 사용할 수 있습니다. 코랩을 이용하여 코드를 실행하는 방법은 다음과 같습니다.

① 코랩 접속

구글 코랩 홈페이지(https://colab.research.google.com/notebooks/welcome.ipynb)에 접속한 후 로그인합니다.

그림 1.3

② 새 노트 열기

[파일]을 클릭하고 [새 노트]를 선택합니다.

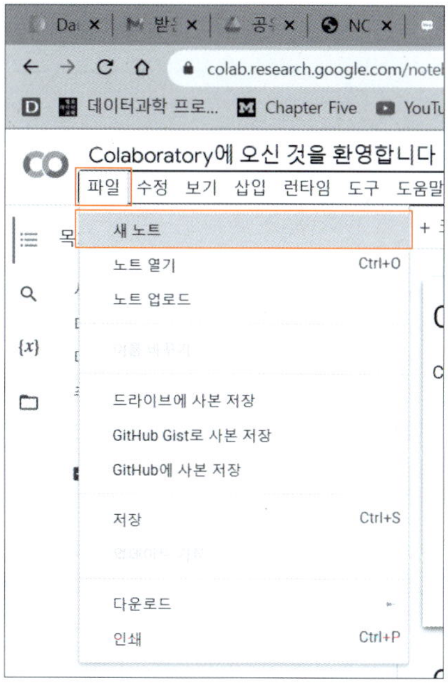

그림 1.4

③ 코드 작성과 실행

코드 작성 줄이 있으면 코드를 입력합니다. 만약 코드 작성 줄이 없다면 '+ 코드'를 클릭해서 코드를 입력합니다. ▶를 클릭하거나 Ctrl + Enter 키를 입력하면 작성한 코드를 실행할 수 있습니다.

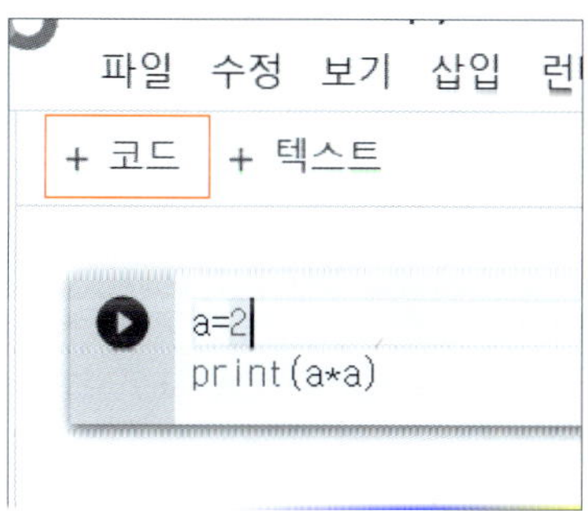

그림 1.5

④ 텍스트 입력

[+ 텍스트]를 클릭하여 코드에 대한 설명이나 제목을 입력할 수 있습니다.

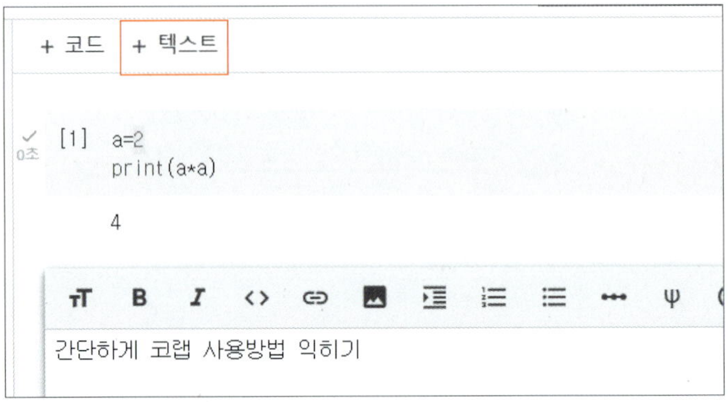

그림 1.6

⑤ 노트 이름 변경하기

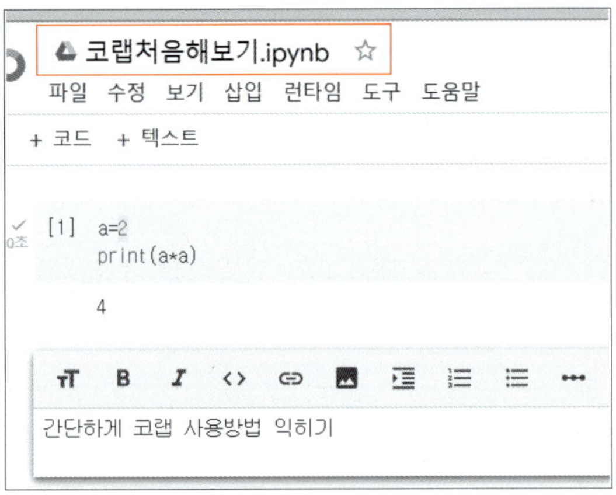

그림 1.7

노트 이름은 파일명과 같습니다. 따라서 원하는 파일명으로 상단의 노트 이름을 클릭하여 작성하면 쉽게 변경할 수 있습니다.

⑥ 파이썬 프로그램으로 다운로드

완성된 코드를 [파일]을 클릭하여 [다운로드] 메뉴에서 [.py 다운로드]를 선택하면 파이썬 프로그램으로 다운로드할 수 있습니다.

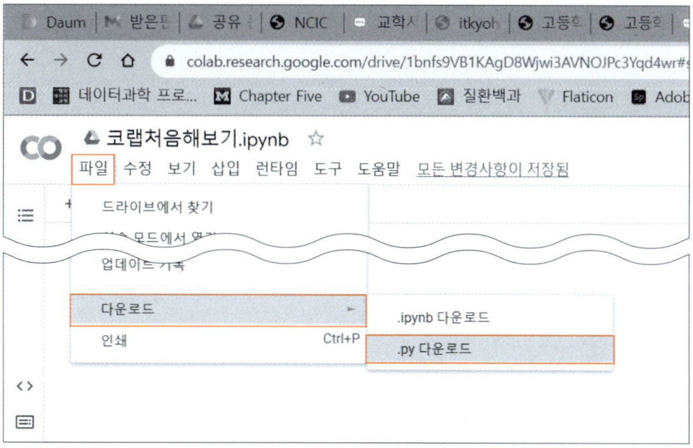

그림 1.8

TIP **기타 환경 설정**

① 사이트 테마 변경

사이트 테마 변경은 상단 메뉴에서 [도구]를 클릭하여 [설정] 메뉴를 선택하면 가능합니다.

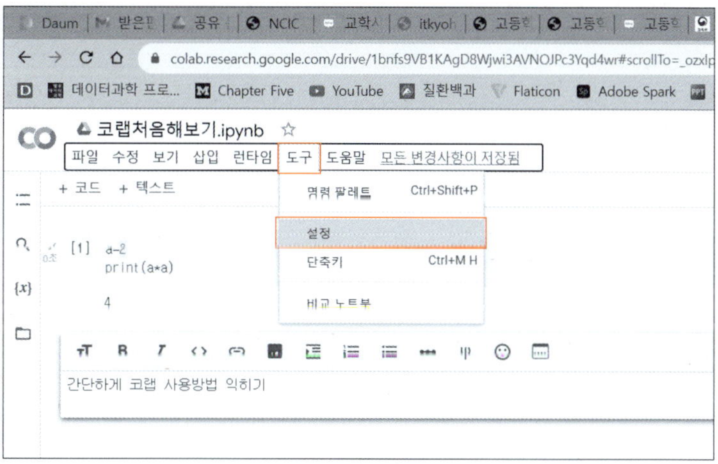

그림 1.9

설정 창에서 [사이트]를 클릭하면 화면의 색을 변경할 수 있습니다(light: 흰색 배경, dark: 검은색 배경, adaptive: 밤낮에 따라 변경).

그림 1.10

② 편집기 환경 설정

[도구]-[설정] 메뉴를 클릭하면 설정창이 나오고 [편집기]를 클릭하면 편집기에 대한 환경 설정이 가능합니다. 행 번호, 들여쓰기 가이드 등을 체크해서 코드를 작업하는 데 도움을 받을 수 있습니다.

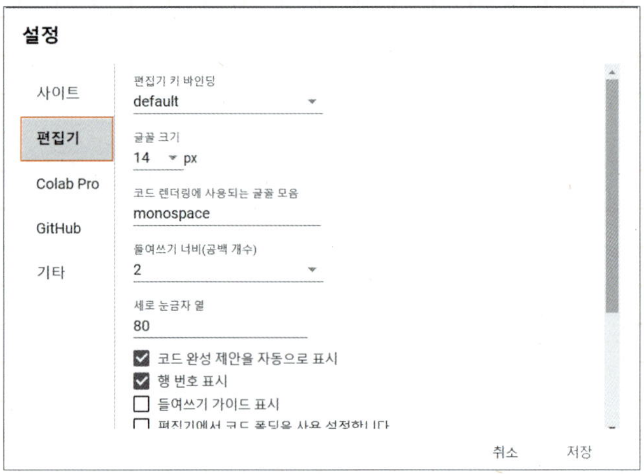

그림 1.11

(2) 파이썬 설치하기

1 가장 먼저, 파이썬 홈페이지에서 사용 중인 운영체제에 해당하는 파이썬 언어를 선택하여 다운로드합니다. 이때 python 3.x로 시작하는 버전 중 가장 최근 버전을 선택합니다.

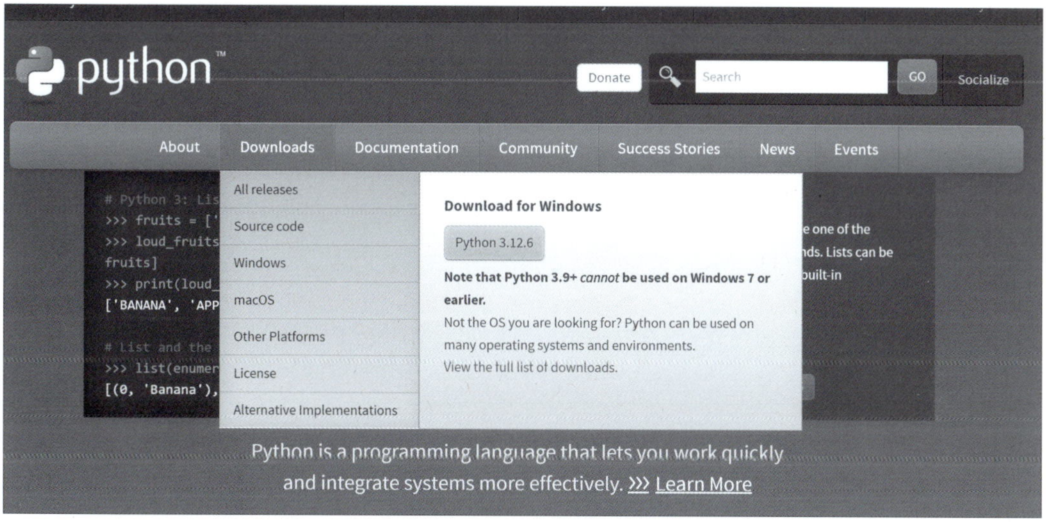

그림 1.12

2 다운로드 받은 파이썬 설치 프로그램을 선택하여 실행합니다. 이때, path를 체크한 후 Install Now를 선택합니다.

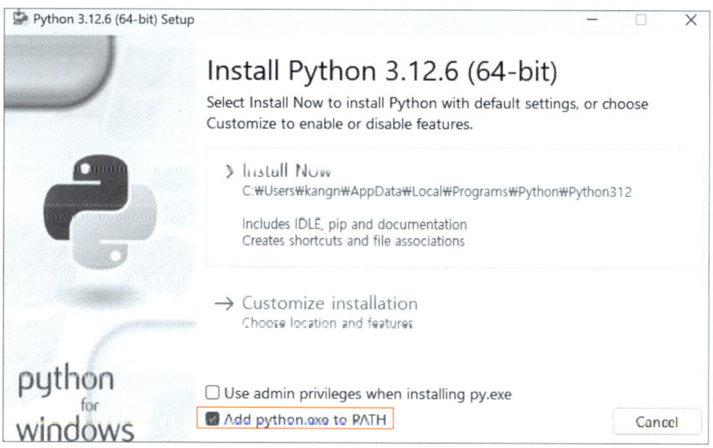

그림 1.13

3 설치가 완료되면 [close]를 클릭하여 종료합니다.

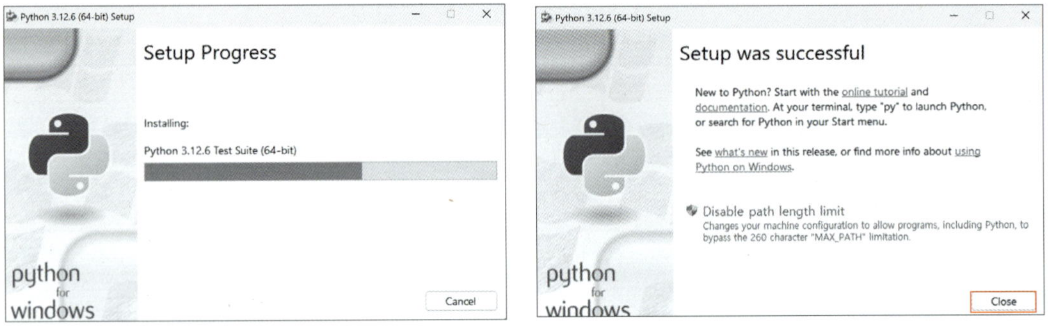

그림 1.14

4 python이 성공적으로 설치되었다면 프로그램 메뉴에서 확인이 가능합니다.

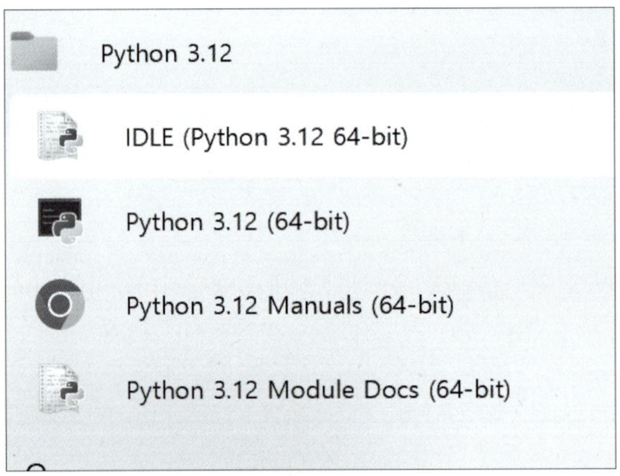

그림 1.15

✓ Python 설치하기

1. 파이썬 홈페이지(http://www.python.org) 접속하여 최신 버전 다운로드
2. 설치 프로그램을 선택한 후 path를 체크하고 Install Now를 선택
3. 설치가 완료되면 [Close]를 클릭하여 종료
4. 시작 프로그램에서 Python 메뉴 확인

(3) 파이썬 살펴보기

파이썬 프로그래밍 본격적으로 배우기 전에 파이썬을 살펴보겠습니다.

1 IDLE을 선택하여 실행합니다. 파이썬 IDLE(Integrated Development and Learning Environment)은 파이썬 프로그램 작성을 도와주는 통합개발환경입니다.

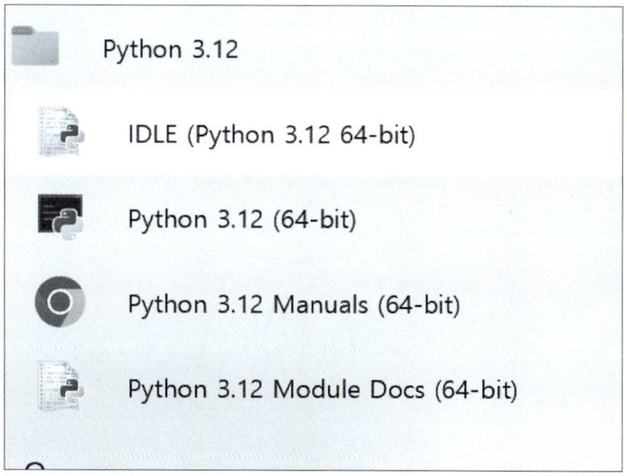

그림 1.16

IDLE은 크게 두 개의 창으로 구성됩니다.

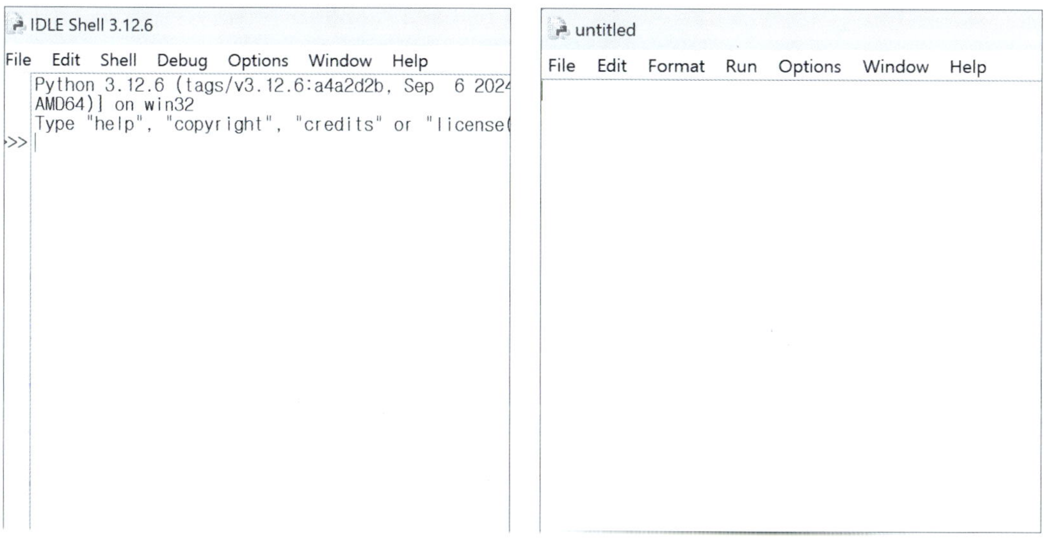

그림 1.17

2 IDLE 메뉴를 실행하면 IDLE Shell 창이 먼저 나옵니다.

이러한 Shell 창에서는 파이썬을 실행할 수 있지만, 저장은 할 수 없습니다. 또한 Shell 창에서는 IDLE 편집창에서 작성한 파이썬 프로그램을 실행한 출력결과를 확인할 수 있습니다.

그림 1.18

3 프로그램은 IDLE 편집창에서 작성합니다. 이제 IDLE Shell 창에서 [File]-[New File]을 선택하여 편집창을 실행합니다.

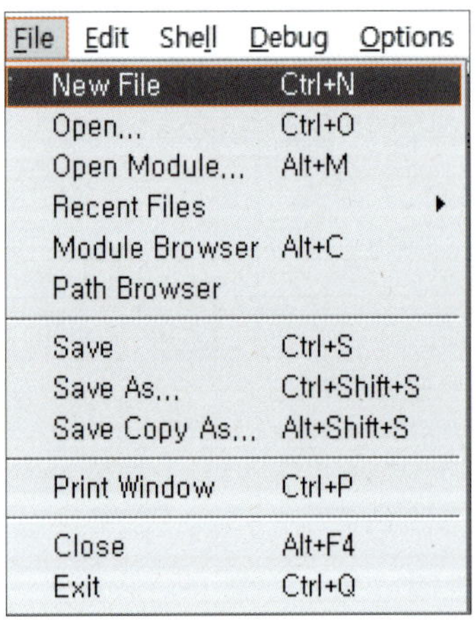

그림 1.19

다음과 같이 빈 문서의 창이 나타나고, 이것이 IDLE 편집창입니다.

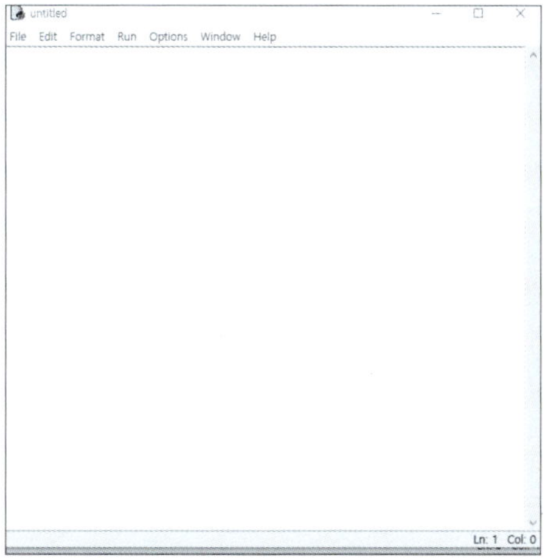

그림 1.20

4 이제 IDLE 편집창에서 간단한 파이썬 프로그램을 작성합니다.

```
# 첫 번째 파이썬
print("반갑습니다")
```

위에서 '# 첫 번째 파이썬' 문장은 주석입니다. #으로 시작하는 문장은 해당 문장 끝까지 프로그램 수행에 전혀 영향을 주지 않습니다. 주석은 프로그램 소스에 설명을 작성할 때 사용합니다. print()는 화면에 출력하는 함수입니다. 'print("반갑습니다")'는 '반갑습니다'라는 문구를 출력하라는 명령문입니다.

5 위에서 작성한 프로그램을 실행합니다.

IDLE 편집창 메뉴에서 [Run] → [Run Module]을 선택합니다(단축키: F5).

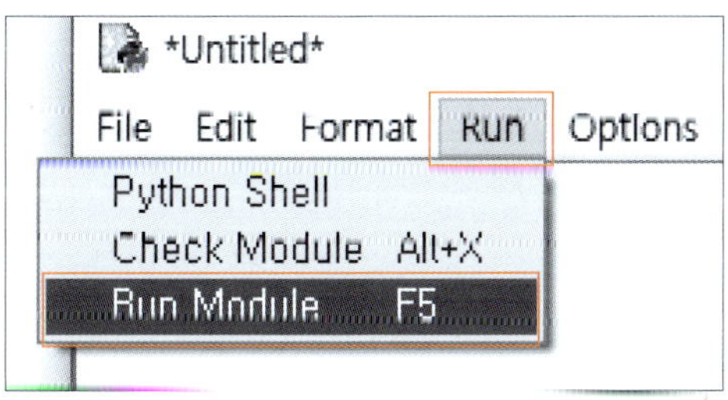

그림 1.21

프로그램을 실행하면 파일을 저장하라는 작은 창이 나옵니다.

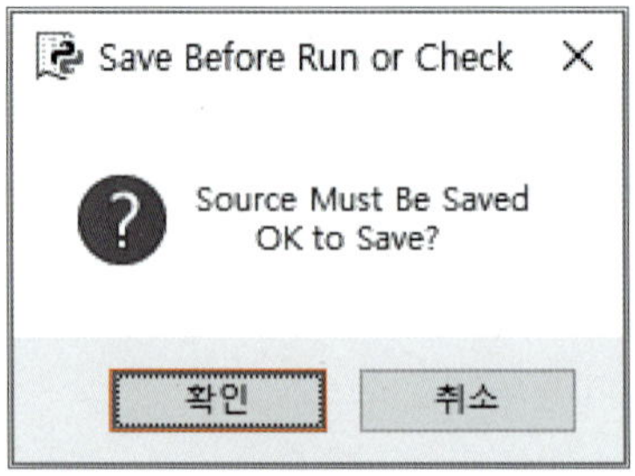

그림 1.22

[확인]을 선택하고 'C:\문서\python' 디렉터리를 생성한 후 first.py라는 이름으로 저장합니다. py는 파이썬 파일임을 알려주는 확장자 이름입니다.

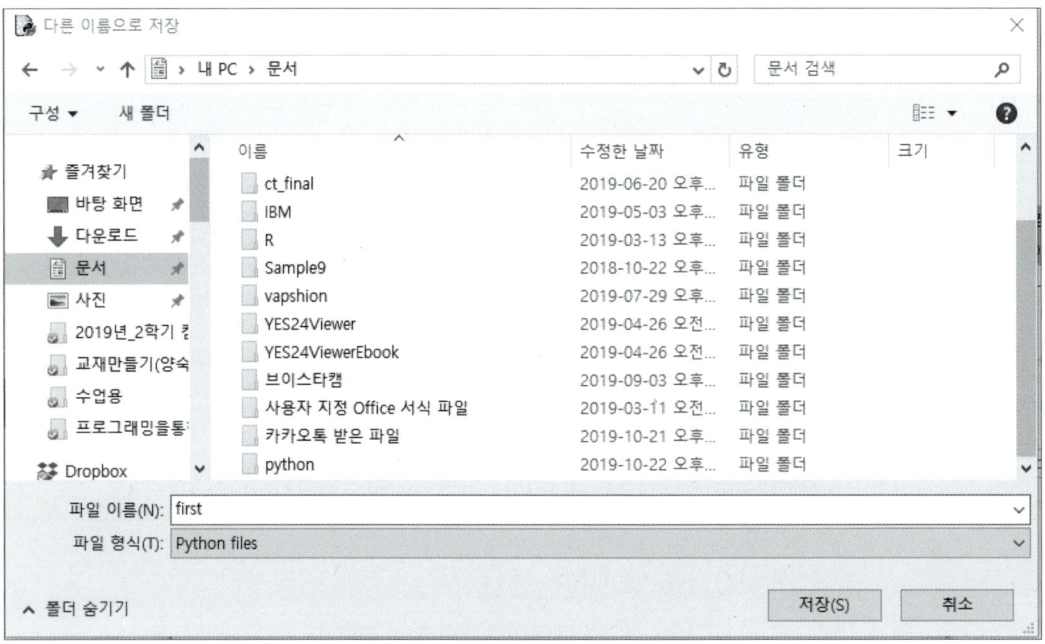

그림 1.23

파일을 저장하면 파이썬 프로그램이 실행되고 결과는 IDLE 셸 창에서 확인할 수 있습니다.

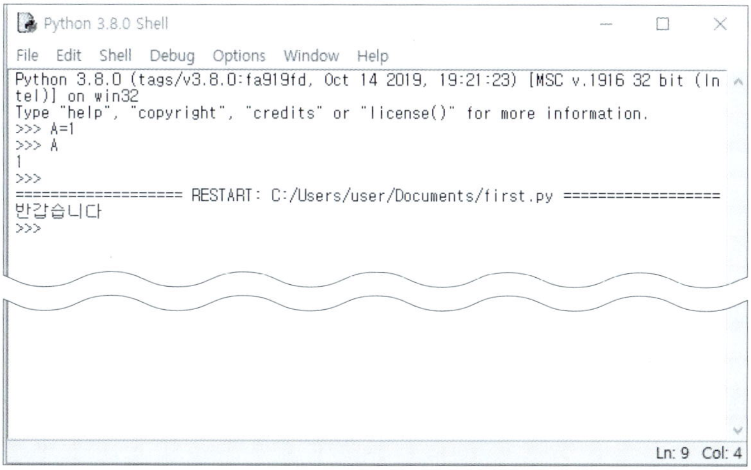

그림 1.24

파이썬에서는 줄바꿈을 이용해 하나의 문장을 끝맺습니다. 이것을 명령문(Statement)이라고 부릅니다. 명령문은 컴퓨터에게 우리의 생각을 전달하고 동작을 실행하도록 하는 표현 단위입니다. 컴퓨터 프로그램은 이러한 여러 명령문들의 집합으로 이루어집니다.

파이썬은 명령문의 끝을 줄바꿈으로 표현하여 좀 더 간결하고 쉽게 프로그램을 작성할 수 있도록 도와줍니다. 예를 들어, a = 1, b = 2, print(a + b)와 같이 각 명령문은 줄바꿈으로 구분됩니다.

하지만 여러 명령문을 한 줄로 작성하려 할 때, 파이썬에서는 문법 오류가 발생할 수 있습니다. 예를 들어, a=1 b=2 print(a+b)를 한 줄로 작성하면 오류가 발생합니다. 이런 경우, 각 명령문을 구분하기 위해 세미콜론(;)을 사용해야 합니다. 예를 들어, a=1; b=2; print(a+b)처럼 작성하면 오류 없이 실행됩니다. 하지만 가독성을 높이고 코드의 유지보수를 쉽게 하기 위해서 각 명령문을 줄바꿈으로 구분하는 것이 좋습니다.

TIP 문법 오류(Syntax Error)란? 하나의 언어를 표현하는 규칙을 '문법'이라고 합니다. 컴퓨터는 조금만 문법에 어긋나더라도 이해하지 못하고 오류를 일으킵니다. 이러한 오류를 '문법 오류'라고 합니다. 컴퓨터 프로그램은 반드시 문법 오류가 없는 완벽한 명령문들의 집합으로 구성됩니다.

본 교재의 실습에서 하나의 명령문의 결과를 즉시 확인하고자 할 때는 IDLE Shell 창을 사용하고, 여러 명령문을 한 번에 작성하거나 여러 번 사용할 때는 IDLE 편집창을 이용합니다.

심화 학습 파이썬 에디터 프로그램

① 파이참(PyCharm)

파이썬에 어느 정도 익숙해졌다면 파이참을 사용하면 편리합니다. 파이참은 많이 사용하는 파이썬 에디터 중 하나로서 코드를 작성할 때 자동 완성, 문법 체크 등 편리한 기능을 많이 제공합니다. 파이참 공식 다운로드 사이트(http://www.jetbrains.com/pycharm/download)에서 내려 받아 설치할 수 있습니다.

② 쥬피터 노트북(Jupyter Notebook)

이 도구는 파이썬을 비롯한 다양한 프로그래밍 언어를 지원하며, 코드 작성, 실행, 시각화, 설명을 하나의 문서에서 통합적으로 수행할 수 있게 합니다. 코랩과 같이 코드 실행 결과를 바로 확인하고, 반복적으로 수정할 수 있는 유연성을 갖추고 있어 복잡한 분석 작업을 직관적으로 처리할 수 있도록 도와줍니다. 쥬피터 노트북은 홈페이지(https://jupyter.org/)에서 내려 받아 설치할 수 있습니다.

요약(SUMMARY)

1.1 왜 파이썬인가?

파이썬의 특징

파이썬은 배우기 쉬운 문법을 가지고 있으며, 다양한 산업에서 실무적으로 사용됩니다. 또한, 풍부한 라이브러리와 활발한 커뮤니티를 지원하여 학습 환경이 매우 우수합니다.

1.2 파이썬으로 무엇을 할 수 있는가?

파이썬의 장점

간결한 문법, 확장성, 다른 언어와의 통합성 등이 있어 다양한 분야에서 사용 가능합니다. 웹 개발, 데이터 분석, GUI 프로그래밍 등 여러 응용 프로그램을 작성할 수 있습니다.

파이썬의 단점

시스템 프로그래밍이나 모바일 앱 개발처럼 하드웨어와 밀접한 작업에는 최적의 선택이 아닙니다.

1.3 파이썬 설치 및 살펴보기

파이썬 실행환경

파이썬을 설치하려면 공식 사이트에서 운영체제에 맞는 최신 버전을 다운로드하고 설치할 수 있으며, 설치 시 PATH 추가 옵션을 체크하는 것이 중요합니다. 설치 후에는 파이썬의 기본 통합 개발 환경인 IDLE에서 프로그램을 작성하고 실행할 수 있습니다. 또한, 구글 Colab을 사용하면 별도의 설치 없이 브라우저에서 파이썬을 실행할 수 있습니다.

연습문제

객관식

1. 파이썬의 특징은 무엇인가?

① 복잡한 문법을 사용 ② 풍부한 라이브러리 지원

③ 고급 수학 연산에만 사용됨 ④ 모바일 개발에 최적화됨

2. 파이썬에서 명령문의 끝을 나타내는 방법을 모두 고르면?

① 세미콜론(;) ② 콜론(:)

③ 줄바꿈 ④ 괄호

O/X형

3. 파이썬은 명령문을 줄바꿈으로 구분할 수 있다. (O/X)

4. 파이썬은 C++과 같은 복잡한 문법을 사용해야 한다. (O/X)

5. 파이썬은 모바일 앱 개발에 적합하다. (O/X)

6. 파이썬은 풍부한 라이브러리를 통해 다양한 분야에서 활용할 수 있다. (O/X)

7. 파이썬 명령문을 한 줄에 여러 개 작성하려면 세미콜론을 사용해야 한다. (O/X)

단답형

8. 파이썬 IDLE에서 작성한 코드를 실행하려면 어떤 단축키를 사용하는가?

9. 파이썬 IDLE 편집창에서 작성한 코드를 저장할 때 사용하는 파일 확장자는 무엇인가?

10. 파이썬 IDLE에서 새 파일을 작성하려면 어떤 메뉴를 선택해야 하는가?

Chapter

변수와 연산자

학습목표

★ 변수의 개념과 특징을 이해할 수 있습니다.

★ 파이썬에서 제공되는 다양한 연산자를 이해할 수 있습니다.

★ 변수와 다양한 연산자를 활용하여 문제를 해결할 수 있습니다.

CHAPTER

02 변수와 연산자

2.1 변수에 대한 이야기

(1) 변수의 개념

아래 그림의 공통점은 무엇일까요?

그림 2.1

변수는 데이터를 담는 상자와 같습니다. 변수는 컴퓨터 기억장치(메모리)에 만들어지며, 저장된 값은 프로그램 실행 중에 언제든지 꺼내서 다시 사용할 수 있고 필요에 따라 변수에 저장된 값은 바뀔 수도 있습니다.

- 변수(variable)는 쉽게 변하는 수로 프로그램이 동작하면서 어떤 상황 혹은 상태에 따라 변화하는 어떤 자료(데이터)를 담아 두기 위해 사용하는 개념입니다.

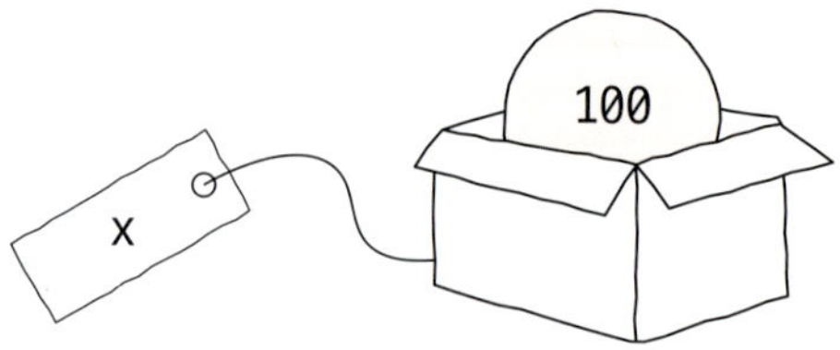

그림 2.2

- **변수명 = 값 형식으로 사용하며, 특정 값을 저장하고 기억하기 위한 목적으로 사용됩니다.**
- 변수에는 숫자형(정수, 실수), 문자형(문자열형), 불, 리스트, 딕셔너리 등 거의 대부분의 무언가를 할당할 수 있습니다.
- 컴퓨터에서 값을 저장하는 기억장치(메모리) 공간으로 변수를 사용하면 효율적인 프로그램을 작성할 수 있습니다.

(2) 변수의 특징

- 일시적으로 자료를 저장하는 공간입니다.
- 변수에 저장된 값은 변할 수 있습니다.
- 변수에는 숫자, 문자열 등 모든 자료형을 저장할 수 있습니다.
- 변수에는 다른 변수의 값도 저장할 수 있습니다.
- **변수는 사용되기 전에 값이 반드시 할당되어 있어야 합니다.**

변수 생성과 변수 사용		

예 1	>>> x=100
	>>> print(x)
	100
		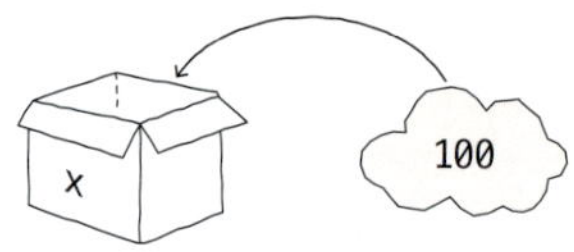
		
		그림 2.3

예 2	>>> x=100
	>>> x=200
	>>> print(x)
	200
		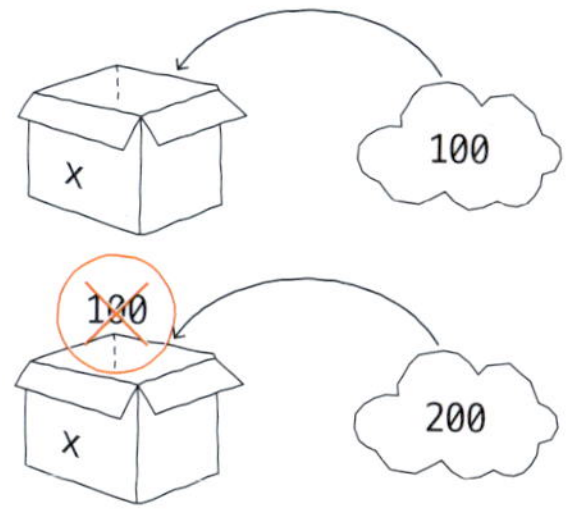
		그림 2.4

예 3	>>> name='홍길동'
	>>> addr='서울시'
	>>> print(name,addr)
	홍길동 서울시
		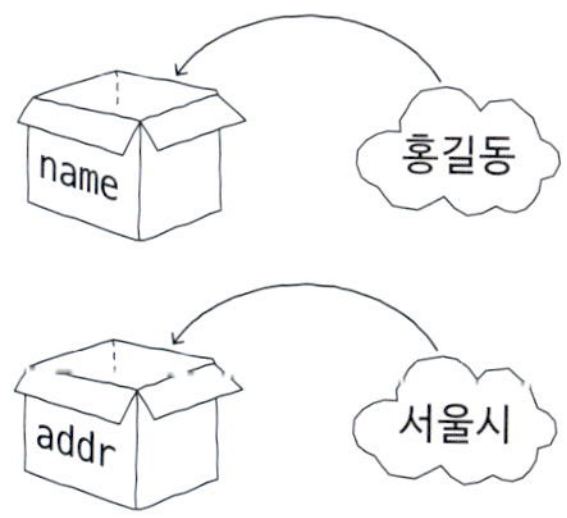
		그림 2.5

예 4	>>> age=20
	>>> age=age+10
	>>> print('10년 후 나이', age)
	10년 후 나이 30
		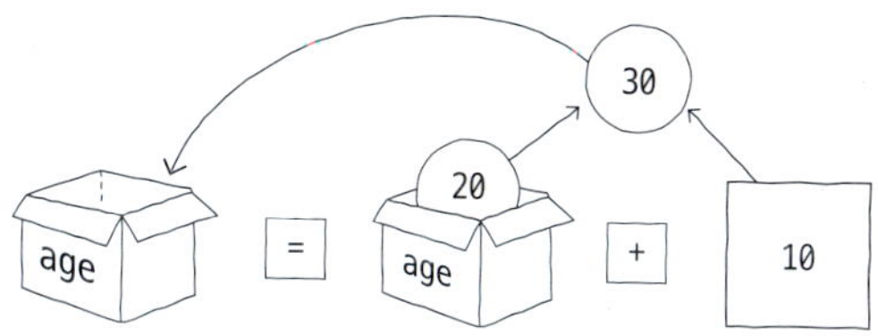
		그림 2.6

⚠ 주의

파이썬에서 값이 할당되지 않은 변수를 사용한다면 오류가 발생합니다.

```
>>> a=a+1
Traceback (most recent call last):
  File "<pyshell#8>", line 1, in <module>
    a=a+1
NameError: name 'a' is not defined
```

	변수 이름 = 값 예 name = 'Kim'
구조	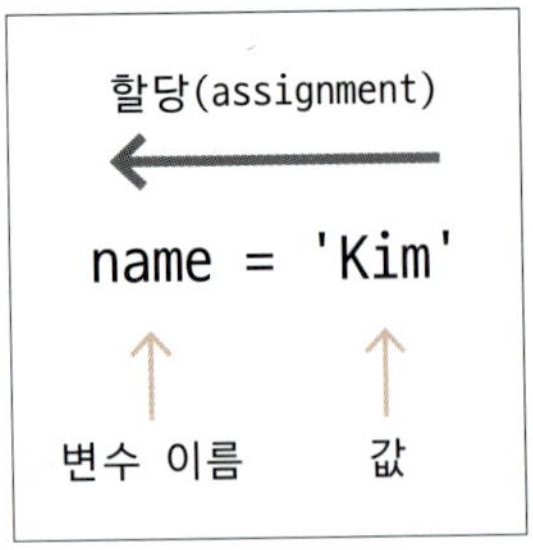 name은 변수명, ' ' 안에 있는 Kim은 데이터, 즉 값이라는 뜻입니다. 파이썬에서 변수에 문자열 데이터를 할당할 때는 따옴표(' ' 또는 " ") 안에 써야 합니다.

TIP 파이썬에서는 변수는 값이 할당되는 순간에 생성됩니다. 그리고 프로그래밍 언어에서 등호(=)는 오른쪽 값을 왼쪽에 저장(할당)한다는 의미이며, 왼쪽은 저장 공간을 의미합니다. 프로그램에서는 등호(=)를 대입연산자라고 부릅니다.

TIP **print() 함수**

프로그래밍에서 함수는 어떤 특별한 기능을 하도록 만들어진 코드의 묶음으로 print() 함수는 (...) 안에 주어진 값들을 출력하는 기능을 합니다.

(3) 변수를 사용하는 이유

프로그램에서 데이터를 변수에 저장해 놓으면 필요할 때마다 꺼내 사용할 수 있습니다.

예제 2.1 **변수를 사용하지 않은 소스 코드**

```
print('Hello python')
print('Hello python')
print('Hello python')
print('Hello python')
print('Hello python')
```

생각해 보기

만약 여러분들이 영어로 된 문장을 한글로 바꾸고 싶다면?
소스 코드가 5줄부터 훨씬 더 많아진다면?

예제 2.2 변수를 사용한 소스 코드

```
hello='안녕 파이썬'
print(hello)
print(hello)
print(hello)
print(hello)
print(hello)
```

실행결과

```
안녕 파이썬
안녕 파이썬
안녕 파이썬
안녕 파이썬
안녕 파이썬
```

문제 해결

변수는 데이터를 보관하고 변경이 가능하며, 반복적으로 사용하는 데이터는 반드시 변수에 저장되어야 합니다.

중간 점검

1. 변수에는 숫자, 문자열 등 모든 자료형을 저장할 수 있습니다. ( )

[답] O

2. 변수를 사용하기 위해서는 반드시 변수를 선언해야 합니다. ( )

[답] X

2.2 변수 생성 및 규칙

모든 프로그래밍 언어에는 변수명을 작성하는 규칙이 있으며, 파이썬에서 변수를 만들고 값을 할당할 때 지켜야 할 규칙은 아래와 같습니다.

① 규칙 1: 유효한 변수 이름

변수 이름은 문자, 숫자, 언더스코어(_)로 구성할 수 있습니다. 다만, 숫자로 시작하는 이름은 사용할 수 없습니다.

```
예 num(O), _num(O), num1(O), 1num(X), num#(X)
```

② 규칙 2: 공백 금지

공백이 들어가면 안 됩니다.

```
예 student_num(O), student num(X),
```

③ 규칙 3: 대소문자 구별

변수의 이름은 대소문자를 구별합니다. 예를 들어 Name과 name은 서로 다른 변수입니다.

④ 규칙 4: 예약어 사용 금지

파이썬에서 이미 사용되고 있는 예약어들은 변수 이름으로 사용할 수 없습니다. 예를 들어, if, for, while, def 등은 예약어입니다.

```
>>> import keyword
>>> print(keyword.kwlist)
['False', 'None', 'True', 'and', 'as', 'assert', 'async', 'await', 'break', 'class',
'continue', 'def', 'del', 'elif', 'else', 'except', 'finally', 'for', 'from', 'global',
'if', 'import', 'in', 'is', 'lambda', 'nonlocal', 'not', 'or', 'pass', 'raise', 'return',
'try', 'while', 'with', 'yield']
```

⑤ 유효한 변수명

```
age
_count     # 밑줄 문자로 시작 가능
num3       # 맨 처음이 아니라면 숫자도 포함 가능
stu_no     # 밑줄 문자는 중간 포함 가능
```

⑥ 유효하지 않은 변수명

```
2name       # 숫자로 시작할 수 없음
student no  # 공백을 포함할 수 없음
money@      # @와 같은 특수문자 사용 안 됨
if          # 예약어 안 됨
```

TIP **좋은 변수명의 원칙**

- 변수 이름은 짧게 줄이는 것보다는 가능한 한 해당 변수가 어떤 데이터나 값을 의미하는지 알 수 있도록 지어야 합니다. 이는 코드의 가독성을 높이는 데 도움이 됩니다. 예로 전화번호를 저장하기 위한 변수로 pn보다는 phone_num이 좋습니다.
- 변수명은 전체 프로그램에서 하나의 일관된 규칙으로 작성하는 것이 좋습니다. 예로 phoneNum과 phone_num을 혼용해서 쓰지 않습니다. 파이썬은 소문자와 언더바가 섞여 있는 형식을 주로 사용합니다.

예제 2.3 **본인의 이름과 나이를 변수에 저장한 후 출력**

```
# 본인 이름과 나이 출력

name='나코딩'
age=20

print(name)
print(age)
```

실행결과

```
>>>
나코딩
20
```

잠깐!

파이썬의 주석 처리

주석(comment)은 코드 내에 설명이나 메모를 추가하는 데 사용됩니다. 주석은 프로그램 실행 중에 무시되므로 코드의 동작에 영향을 주지 않습니다. 주석 처리는 코드를 이해하기 쉽게 만들며, 협업 시 다른 개발자들이 코드를 이해하는 데 도움을 줍니다.

파이썬에서 주석은 다음과 같이 처리합니다.

- **한 줄 주석**
  - 한 줄 주석은 # 기호를 사용하여 시작합니다. # 뒤에 오는 모든 내용은 그 줄의 끝까지 주석으로 처리됩니다.
- **여러 줄 주석**
  - 여러 줄의 주석을 작성할 때는 여러 줄 문자열을 활용합니다. 주로 함수나 클래스 정의 바로 아래에 설명을 추가할 때 사용됩니다. 주석으로 처리된 문자열은 실행 중에 무시됩니다.
  - ''' ~ ''' 또는 """ ~"""

중간 점검

1. 변수명에서 사용될 수 있는 특수문자는 (   )만 가능합니다.

[답] _(언더스코어, 밑줄)

2. 변수명으로 숫자가 포함될 수 있습니다. (   )

[답] O

2.3 다양한 타입의 변수

변수에 들어 있는 자료의 값에 따라 변수의 형태가 결정됩니다. 파이썬은 다른 프로그래밍 언어와는 달리 값을 할당하면 그때 타입이 결정되기 때문에 훨씬 더 쉽게 사용할 수 있으며, type(변수 이름)을 통해 변수의 타입을 알아볼 수 있습니다.

아래와 같이 변수에 값을 넣고 변수의 타입을 알아봅시다.

변수 생성과 변수 사용

예 1
정수형
	`>>> x=100`
	`>>> print(x)`
	`100`
		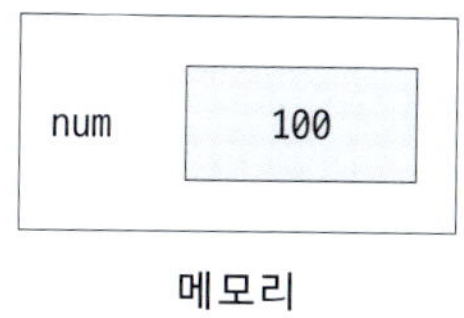
		그림 2.7

예 2
실수형
	`>>> num=95.5`
	`>>> type(num)`
	`<class 'float'>`
		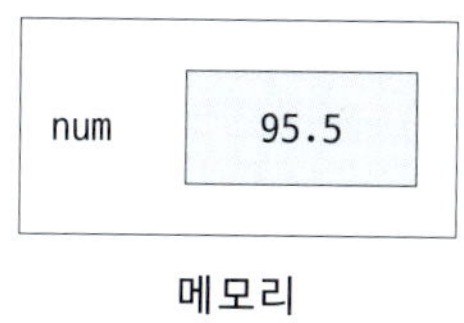
		그림 2.8

예 3
문자열형
	`>>> name='홍길동'`
	`>>> type(name)`
	`<class 'str'>`
		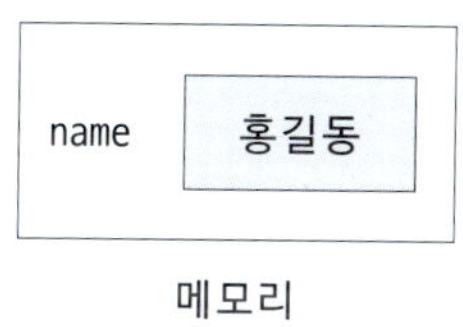
		그림 2.9

예 4
불형
	`>>> result=True`
	`>>> type(result)`
	`<class 'bool'>`
		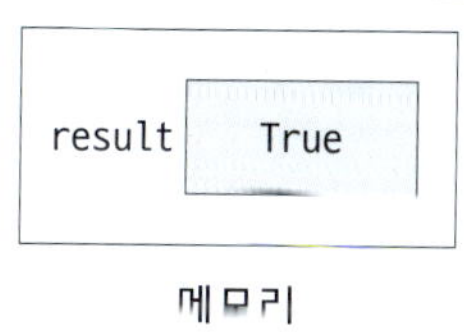
		그림 2.10

표 2.1 기본 자료형의 종류

자료형	의미	예시
int	integer, 정수	n=100
float	float, 부동 소수점	n=95.5
str	string, 문자열	n='Kim' n="Kim"
bool	boolean	n=True n=False

중간 점검

1. 자료형을 조회하는 함수는 (   )입니다.

[답] type()

2. 다음 코드의 출력 결과는?

```
a = 10
b = 3.5
c = a * b
print(type(c))
```

[답] float

2.4 산술연산자

파이썬에서 사용하는 기본적인 산술연산자들은 다음과 같습니다.

표 2.2

연산자	의미	예시	결과
+	더하기	10+4	14
-	빼기	10-4	6

*	곱하기	10*4	40
/	나누기	10/4	2.5
//	나누기(몫)	10//4	2
%	나머지	10%4	2
**	제곱	10**2	100

산술연산자: a=10, b=20이라 가정한다.

```
>>> a=10
>>> b=20
>>> a+b
30
>>> a-b
-10
>>> a*b
200
```

```
>>> a=10
>>> b=20
>>> a/b
0.5
>>> a%b
10
>>> a**2
100
>>> a//b
0
```

몫 연산자 활용: 동전교환기

- 1,000원짜리 지폐를 500원, 100원짜리 동전으로 교환

```
>>> money=1000
>>> money//500
2
>>> money//100
10
```

몫, 나머지 연산자 활용: 구입 가능한 사탕의 개수

```
>>> money=10000
>>> price=150
>>> numCandy=money//price
>>> change=money%price
>>> numCandy # 사탕의 개수
66
>>> change
100
>>>
```

2.5 대입 연산자

기본적으로 변수에 값을 할당할 때는 등호(=)를 사용합니다. 산술연산자와 함께 사용되어 할당을 보다 간결하게 하기 위해 사용되는 +=, -=, *=, /=, %=, //= 등과 같은 연산자도 대입 연산자에 해당됩니다. 복합 대입 연산자는 코드를 간결하게 만드는 데 도움이 될 수도 있지만, 너무 많이 쓰다 보면 코드를 읽기가 어려워질 수도 있습니다.

표 2.3

연산자	의미	예시
=	왼쪽 변수에 오른쪽 값을 할당	a=10
+=	왼쪽 변수에 오른쪽 값을 더하고 결과를 왼쪽 변수에 할당	a+=10 (a=a+10)
-=	왼쪽 변수에 오른쪽 값을 빼고 결과를 왼쪽 변수에 할당	a-=10 (a=a-10)
*=	왼쪽 변수에 오른쪽 값을 곱하고 결과를 왼쪽 변수에 할당	a*=10
/=	왼쪽 변수에 오른쪽 값을 나누고 결과를 왼쪽 변수에 할당	a/=10 (a=a/10)
%=	왼쪽 변수에 오른쪽 값을 나눈 나머지의 결과를 왼쪽 변수에 할당	a%=10 (a=a%10)
**=	왼쪽 변수에 오른쪽 값만큼 제곱을 하고 결과를 왼쪽 변수에 할당	a**=2 (a=a**2)
//=	왼쪽 변수에서 오른쪽 값을 나눈 몫의 결과를 왼쪽 변수에 할당	a//=10 (a=a//10)

```
>>> a=10
>>> a
10
>>> a +=10
>>> a
20
>>> a *=2
>>> a
40
```

2.6 비교 연산자

파이썬에서는 다양한 비교 연산자를 사용하여 변수나 값들을 비교할 수 있습니다. 비교 연산자(관계 연산자)는 주어진 두 값의 관계를 평가하고 결과로는 True 또는 False를 반환합니다. 비교 연산자는 조건문(if 문 등)에서 사용되어 특정 조건이 참인지 거짓인지를 판단하는 데 유용하게 활용됩니다. 각 연산자를 잘 이해하고 적절히 사용하여 프로그램을 작성하는 것이 중요합니다.

다음은 파이썬에서 사용할 수 있는 주요 비교 연산자들입니다.

표 2.4

연산자	의미
==	값이 동일하다.
!=	값이 동일하지 않다.
>	왼쪽 값이 오른쪽 값보다 크다.
>=	왼쪽 값이 오른쪽 값보다 크거나 동일하다.
<	왼쪽 값이 오른쪽 값보다 작다.
<=	왼쪽 값이 오른쪽 값보다 작거나 동일하다.

```
>>> 10==10
True
>>> 10!=10
False
>>> 10>20
False
>>> 10<=20
True
```

2.7 논리 연산자

파이썬에서는 다양한 논리 연산자를 사용하여 여러 조건을 결합하거나 평가할 수 있으며, 논리 연산자는 주어진 조건들을 기반으로 True 또는 False를 평가합니다. 이러한 논리 연산자들은 조건문(if 문, while 문 등)에서 주로 사용되며, 여러 조건을 조합하여 복잡한 조건을 만들 때 유용합니다.

파이썬에서 사용되는 주요 논리 연산자는 다음과 같습니다.

표 2.5

연산자	의미
and	논리 AND 연산. 둘 다 참 일때만 참
or	논리 OR 연산. 둘 중 하나만 참이여도 참
not	논리 NOT 연산. 논리 상태를 반전

```
>>> a=10
>>> b=60
>>> a<50 and b>50  # 비교 연산자와 논리 연산자 함께 사용
True
>>> a>50 or b<70
True
>>> not a>100
True
```

2.8 문자열 연산자

파이썬에서는 문자열을 연결하거나 반복할 수도 있습니다. 다른 언어에서는 쉽게 찾아볼 수 없는 재미있는 기능으로, 우리 생각을 그대로 반영해 주는 파이썬 만의 장점이라고 할 수 있습니다. 문자열 연결 연산자와 반복 연산자에 대해 알아봅시다.

문자열 연결 연산자: +

```
>>> head='python'
>>> tail=' is fun!'
>>> head+tail
'python is fun!'
```

문자열 반복 연산자: *

```
>>> word='Happy '
>>> word*5
'Happy Happy Happy Happy Happy '
```

잠깐!

*의 의미는 우리가 일반적으로 사용하는 숫자 곱하기의 의미와는 다릅니다. 위 소스 코드에서 word * 5 문장은 word에 저장된 값을 지정된 횟수(5번)만큼 반복하라는 뜻입니다.

예제 2.4 문자열 반복 연산자 응용

```
print('='*20)
print('I love python')
print('I like python')
print('='*20)
```

실행결과

```
>>>
====================
I love python
I like python
====================
```

TIP 파이썬에서 여러 연산자가 한 표현식에 있을 때는 각 연산자의 우선순위에 따라 순서가 정해집니다. 우선순위가 높은 연산자가 먼저 수행됩니다. 비트 연산자는 산술 연산자와 비교 연산자 사이에 위치하며, 논리 연산자보다는 우선순위가 높습니다.

표 2.6

우선순위	연산자	설명
1	()	괄호
2	**	지수
3	+, -, ~	단항 연산자
4	*, /, //, %	곱셈, 나눗셈, 몫, 나머지
5	+, -	덧셈, 뺄셈
6	<<, >>	비트 시프트
7	&	비트 AND
8	^	비트 XOR
9	<, <=, >, >=, ==, !=	비교 연산자
10	not	논리 NOT
11	and	논리 AND
12	or	논리 OR

중간 점검

1. 다음 코드의 출력 결과는 무엇인가?

```
x = 15
y = 4
print(x // y)
```

[답] 3

2. 다음 코드의 출력 결과는 무엇인가?

```
a = True
b = False
print(a and b)
```

[답] False

3. 파이썬에서 거듭제곱을 나타내는 연산자는 (   )이다.

[답] **

요약(SUMMARY)

2.1 변수에 대한 이야기

개념

변수명 = 값 형식으로 사용하며, 특정 값을 저장하고 기억하기 위한 목적으로 사용되며, 변수에는 숫자형(정수, 실수), 문자형(문자열형), 불, 리스트, 딕셔너리 등 거의 대부분의 무언가를 할당할 수 있습니다.

변수의 특징

- 일시적으로 자료를 저장하는 공간입니다.
- 변수에 저장된 값은 변할 수 있습니다.
- 변수에는 숫자, 문자열 등 모든 자료형을 저장할 수 있습니다.
- 변수에는 다른 변수의 값도 저장할 수 있습니다.
- 변수는 사용되기 전에 값이 반드시 할당되어 있어야 합니다.

2.2 변수 생성 및 규칙

- 변수 이름은 문자, 숫자, 언더스코어(_)로 구성할 수 있습니다. 다만, 숫자로 시작하는 이름은 사용할 수 없습니다.
- 변수의 이름은 대소문자를 구별합니다. 예를 들어 Name과 name은 서로 다른 변수입니다.
- 파이썬에서 이미 사용되고 있는 예약어들은 변수 이름으로 사용할 수 없습니다. 예를 들어, if, for, while, def 등은 예약어입니다.

2.3 다양한 타입의 변수

- 파이썬은 변수에 저장된 자료의 값에 따라 변수의 자료형이 결정됩니다.
- 파이썬의 기본 자료형은 정수형(int), 실수형(float), 문자열형(str), 불형(bool)이 있습니다.
- 변수의 타입은 type(변수 이름)으로 확인이 가능합니다.

2.4 산술연산자

- 기본적인 수학 연산을 수행합니다.
- + (덧셈), - (뺄셈), * (곱셈), / (나눗셈), % (나머지), // (몫), ** (거듭제곱)

2.5 대입 연산자

- 변수에 값을 할당하거나 기존 값에 연산을 적용하여 다시 할당합니다.
- = (할당), += (덧셈 후 할당), -= (뺄셈 후 할당), *= (곱셈 후 할당) 등

2.6 비교 연산자

- 두 값을 비교하여 참 (True) 또는 거짓 (False) 을 반환합니다.
- == (같음), != (다름), > (크다), < (작다), >= (크거나 같다), <= (작거나 같다)

2.7 논리 연산자

- 논리값 (True, False) 을 사용하여 논리적 연산을 수행합니다.
- and (그리고), or (또는), not (부정)

2.8 문자열 연산자

- 덧셈 연산자 (+) : 문자열을 **연결 (Concatenation) **하는 데 사용됩니다.
- 곱셈 연산자 (*) : 문자열을 **반복 (Replication) **하는 데 사용되며, 문자열을 지정한 횟수만큼 반복합니다.

연습문제

객관식

1. 다음 중 파이썬에서 변수 이름으로 사용할 수 없는 것은?

① name ② 2name

③ age ④ user_name

2. 다음 중 두 문자열을 결합하는 연산자는?

① * ② %

③ + ④ //

3. 다음 코드에서 x의 값은 무엇인가?

```
x = 10
x += 5
```

① 5 ② 10

③ 15 ④ 20

4. 다음 중 논리 연산자에 해당하는 것은?

① + ② ==

③ % ④ and

5. 다음 중 x와 y의 값이 동일한지 확인하는 연산자는?

① != ② ==

③ >= ④ <=

O/X형

6. 변수에 값이 할당되면, 그 값은 다른 값으로 변경할 수 없다. (O/X)

7. 파이썬에서 변수 이름은 숫자로 시작할 수 있다. (O/X)

단답형

8. 숫자를 나눈 몫을 반환하는 연산자는 무엇인가?

9. 두 값이 모두 참일 때만 참을 반환하는 논리 연산자는 무엇인가?

10. 거듭제곱을 계산하는 연산자는 무엇인가?

[실습문제]

1. 자동판매기에 투입한 돈과 물건 값이 아래와 같이 변수에 저장되었다고 가정하고 잔돈을 계산하여 동전으로 거슬러주는 프로그램을 작성해 봅시다. 실행결과를 보고 빈 곳에 알맞은 답을 예측하시오.

가정 자판기는 동전 500원, 100원짜리만 거슬러준다.

Hint 몫(//), 나머지(%) 연산자 활용

```
money = 1600        # 투입한 돈
price = 1000          # 물건 값
[                                        ]
change=money-price      # 잔돈
print('change ',change)
[                                        ]
c500=change//500       # 500원 개수
change=change%500
[                                        ]
c100=change//100       # 100원 개수
[                                        ]
print('coin500 ',c500)
print('coin100 ',c100)
```

실행결과

```
>>>
change  600
coin500  1
coin100  1
```

2. 세 과목에 대한 성적을 각각 변수에 저장한 후 합계와 평균을 출력해 봅시다. 실행 결과를 보고 빈 곳에 알맞은 답을 예측하시오.

```
kor, eng, math=100, 100, 100
[                                        ]
hap=kor+eng+math
avg=hap/3
[                                        ]
print('hap', hap)
print('avg', avg)
```

실행결과

```
>>>
hap 300
avg 100.0
```

3. 다음 코드의 실행결과를 쓰시오.

```
num1=25
num2=10

print(num1 / num2)
print(num1 // num2)
print(num1 % num2)
print(num2 ** 3)
```

실행결과

```
>>>
```

4. 다음 문제에 대한 가장 알맞은 조건식을 밑줄에 쓰시오.

1. 학년이 1학년이고 평균 취득학점이 3.5 이상을 만족하는 조건식(학년은 year, 평균 취득학점은 score에 저장되어 있다고 가정함)

____

2. 주소가 addr에 저장되어 있다고 가정하고 주소가 서울이거나 경기도인 조건식

____

3. 토익 점수가 800점 이상이거나 교양전산에서 A 학점인 조건을 만족하는 조건식(토익 점수는 toeic, 교양전산은 com에 저장되어 있다고 가정함)

____

5. 사용자로부터 학교이름, 전공, 본인이름, 연락처를 변수에 저장하여 출력해 봅시다.

변수명 학교이름(univ), 전공(major), 이름(name), 연락처(phone)

[도전문제]

1. 정수의 각 자리수를 분리하여 출력하는 프로그램입니다. 빈 곳에 가장 알맞은 답을 예측하시오.

조건 변수에 정수 396을 저장한 후 백의 자리, 십의 자리, 일의 자리로 분리하여 출력하시오.

예 정수 123인 경우 백의 자리 1, 십의 자리 2, 일의 자리 3의 결과를 출력

Hint 몫(//), 나머지(%) 연산자 활용

실행결과

```
>>>
396
백의자리 3
십의자리 9
일의자리 6
```

2. 다음은 초 단위 시간을 입력 받아서 몇 시간, 몇 분, 몇 초인지를 출력하는 프로그램입니다. 빈 곳에 가장 알맞은 답을 예측하시오.

Hint 몫(//), 나머지(%) 연산자 활용

```
time=3700
print(time, '초')

minute=________________
second=________________ # 초 계산

hour=________________ # 시간 계산
minute=________________ # 분 계산

print(hour, '시간')
print(minute, '분')
print(second, '초')
```

실행결과

```
>>>
3700 초
1 시간
1 분
40 초
```

3. **성적 프로그램 만들기**

이번 학기 수강하는 파이썬 과목은 성적 반영 비율이 다음과 같습니다(출석: 10%, 과제: 30%, 중간: 30%, 기말: 30%). 다음은 항목 점수가 각각 아래와 같이 입력되어 있다고 가정할 때 전체 총점을 출력하는 프로그램입니다. 빈 곳에 가장 알맞은 답을 예측하시오.

```
attend=100
homework=100
mid=100
final=100

_________________________________

''' 복합대입연산자 활용
total = attend * 0.1
total += homework * 0.3
total += mid * 0.3
total += final * 0.3
'''
print('총점', total)
```

실행결과

```
>>>
총점 100
```

4. Cafe 프로그램 만들기

커피 메뉴가 ame, cafelattee, cafemoca가 있습니다. 하루에 판매된 수량이 각각 20, 10, 10이라고 가정했을 때 총 매출액을 계산하는 프로그램을 작성하시오. 또한 하루 재료비가 100,000원일 경우 순이익을 구하시오.

변수명 아메(ame), 카페라떼(cafelattee), 카페모카(cafemoca), 총매출(total)

가격 ame=2000, cafelattee=3000, cafemoca=4000

실행결과

```
>>>
total :  110000
순이익 :  10000
```

Chapter 03

표준 입·출력 함수

학습목표

★ 파이썬 자료 입력에 대하여 이해할 수 있습니다.

★ 파이썬 input( ) 함수를 이용하여 자료를 입력받고 저장할 수 있습니다.

★ 입력받은 자료를 다양한 자료형으로 변환하여 저장할 수 있습니다.

★ 파이썬 자료 출력에 대하여 이해할 수 있습니다.

★ 파이썬 print( ) 함수의 자료 출력에 대한 다양한 방법을 이해하고 활용할 수 있습니다.

CHAPTER

03 표준 입·출력 함수

파이썬을 이용하여 자료를 입력받고 출력하려면 input() 함수와 print() 함수를 이용합니다. 3장에서는 input() 함수를 이용하여 자료를 입력받아 저장하는 방법과 입력받은 자료를 다양한 자료형으로 변환하여 저장하는 방법에 대하여 학습하고, print() 함수를 이용하여 출력하는 다양한 방법을 학습합니다. 먼저 input() 함수를 이용하여 자료를 입력받는 방법에 대하여 살펴봅니다.

3.1 입력

input() 함수 내에 안내할 문자열을 포함해 사용합니다. 만약 아무 메시지도 없이 커서가 깜빡거린다면 사용자는 입력받으려는 대기 상태라고 이해하지 못하고 오류가 발생했다고 오해할 수도 있습니다.

예제 3.1 입력의 기본 형태

```
>>>  input('이름 입력: ')
     이름 입력: 파이썬
     '파이썬'
```

예제 3.1과 같이 실행하면 입력받은 '파이썬'이라는 자료는 저장되지 못하고 일단 사라집니다. 입력받은 자료를 저장하기 위해서는 변수를 이용해야 합니다. 예제 3.2와 같이 input() 함수에 의해 입력받은 자료는 name이라는 변수에 저장합니다. name 변수에 저장한 '파이썬' 문자열은 print() 함수를 이용하여 출력하여 확인하고 있습니다.

예제 3.2 입력 자료 저장

```
name = input('이름 입력: ')
print(name)
```

실행결과

```
    이름 입력: 파이썬
    파이썬
>>>
```

파이썬은 input() 함수에 의해 입력받은 모든 자료를 문자열로 저장합니다. 문자열로 저장한다는 의미는 숫자를 입력하더라도 문자열로 저장되어 원하는 연산이 이루어질 수 없다는 것을 의미합니다. 예제 3.3과 같이 input() 함수에 의해 입력받은 10은 a 변수에, 20은 b 변수에 저장하고 a와 b를 더하여 출력했더니 '1020'이 출력된 것을 확인할 수 있습니다.

예제 3.3 **문자열로 입력된 자료**

```python
a = input('첫 번째 숫자 입력: ')
b = input('두 번째 숫자 입력: ')
print(a+b)
```

실행결과

```
    첫 번째 숫자 입력: 10
    두 번째 숫자 입력: 20
    1020
>>>
```

그렇다면 input() 함수로 입력받은 숫자를 연산하기 위해서는 어떻게 하면 좋을까요? 예제 3.4와 같이 input() 함수 앞에 입력받은 자료를 int 자료형을 이용하여 정수형의 숫자로 변환하여 저장했더니 a 변수와 b 변수를 더한 결과가 숫자 30으로 출력된 것을 확인할 수 있습니다.

예제 3.4 **정수형으로 입력된 자료**

```python
a = int(input('첫 번째 숫자 입력: '))
b = int(input('두 번째 숫자 입력: '))
print(a+b)
```

실행결과

```
    첫 번째 숫자 입력: 10
    두 번째 숫자 입력: 20
    30
>>>
```

입력받은 숫자가 실수라면 예제 3.5와 같이 float 자료형을 이용하여 실수형의 숫자로 변환하여 저장합니다.

예제 3.5 실수형으로 입력된 자료

```
c = float(input('숫자 입력: '))
print(c)
```

실행결과

```
숫자 입력: 3.7
3.7
>>>
```

중간 점검

1. input() 함수로 입력받은 값은 기본적으로 (　　)형으로 저장됩니다.

[답] 문자열

2. input() 함수로 입력받은 값을 계산하려면 (　　) 자료형으로 변환해야 합니다.

[답] 정수(int) 또는 실수(float)

3.2 출력

파이썬을 이용하여 자료를 출력하려면 print() 함수를 이용합니다. print() 함수를 이용하여 출력하는 예는 예제 3.6과 같습니다.

예제 3.6 출력의 기본 형태

```
>>> print('파이썬으로 출력')
    파이썬으로 출력
>>>
```

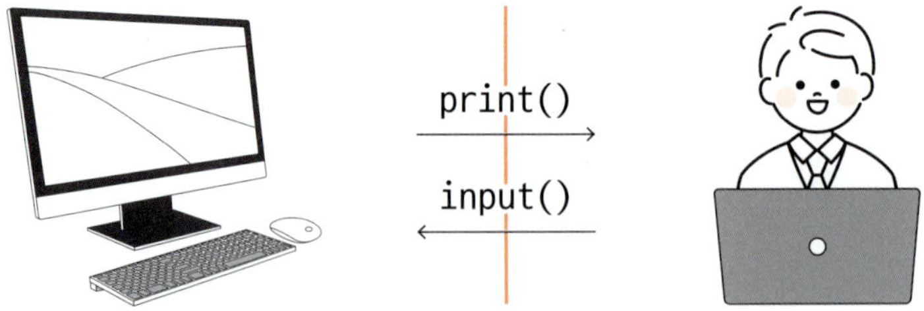

입출력 사용자 인터페이스

(1) 콤마(,)를 이용한 출력

파이썬은 크게 4가지 종류의 출력 형태가 있습니다. 콤마(,)로 구분하여 출력하는 형태, % 형식지정자를 이용하는 형태, format() 함수를 이용하는 형태, f-string 함수를 이용하는 형태입니다. 다음 예제 3.7은 콤마(,)로 구분하여 출력하는 예제입니다.

예제 3.7 콤마(,)로 구분하여 출력

```
name = input('이름 입력: ')
print('입력하신 이름은', name)
```

실행결과

```
이름 입력: 파이썬
입력하신 이름은 파이썬
>>>
```

(2) % 형식지정자를 이용한 출력

자료형을 지정하여 출력하는 % 형식지정자 출력 형태는 내용과 % 형식지정자를 원하는 순서대로 따옴표 안에 작성합니다. % 형식지정자에 대응되는 변수를 % 뒤에 순서대로 작성합니다. 다음 예제 3.8은 %s 형식지정자를 이용하여 출력하는 예제입니다.

예제 3.8 %s 형식지정자를 이용하여 출력

```
name = input('이름 입력: ')
print('입력하신 이름은 %s' % name)
```

실행결과

```
    이름 입력: 파이썬
    입력하신 이름은 파이썬
>>>
```

% 형식지정자에 대응되는 변수가 한 개인 경우에는 괄호를 생략할 수 있지만, 변수가 두 개 이상일 경우에는 문자열과 변수를 구분하는 % 기호의 오른쪽에 괄호로 묶어 변수들을 작성해야 합니다. 다음 예제 3.9는 %d 형식지정자를 이용하여 출력하는 예제입니다.

예제 3.9 %d 형식지정자를 이용하여 출력

```python
a = int(input('첫 번째 숫자 입력: '))
b = int(input('두 번째 숫자 입력: '))
print('%d + %d = %d' % (a, b, a+b))
```

실행결과

```
    첫 번째 숫자 입력: 10
    두 번째 숫자 입력: 20
    10 + 20 = 30
>>>
```

다음과 같이 2개 이상의 % 형식지정자를 사용하는 경우에 % 형식지정자와 변수는 순서대로 대응되어 적용됩니다.

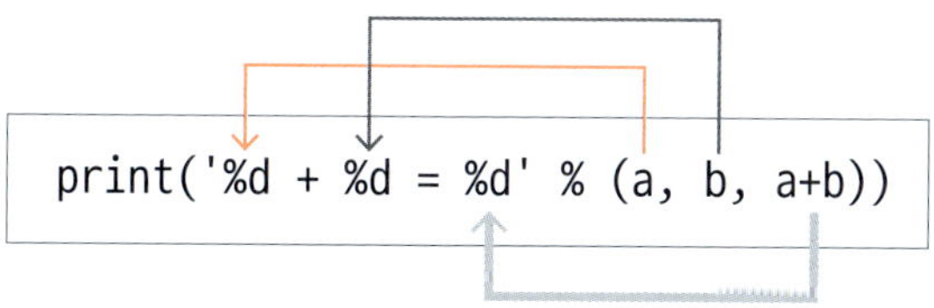

다음 예제 3.10은 %f 형식지정자를 이용하여 출력하는 예제입니다. %f 형식지정자는 소수점이 있는 숫자일 때 적용하는 % 형식지정자입니다.

예제 3.10 %f 형식지정자를 이용하여 출력

```python
a = int(input('첫 번째 숫자 입력: '))
b = int(input('두 번째 숫자 입력: '))
print('%d + %d = %f' % (a, b, a/b))
```

실행결과

```
첫 번째 숫자 입력: 5
두 번째 숫자 입력: 2
5 / 2 = 2.500000
>>>
```

위의 예제 3.10에서 보면 5/2의 결과 값을 2.500000으로 출력한 것을 확인할 수 있습니다. 소수점 이하 자리를 원하는 만큼 출력하려면 다음과 같이 %f 를 %.2f로 수정하면 됩니다. 이는 소수점 이하 2자리까지만 출력하라는 의미입니다.

```
print('%d + %d = %.2f' % (a, b, a/b))
```

print() 함수의 % 형식지정자의 종류에는 %s, %d, %f 외에도 여러 가지가 있지만, 대표 형식지정자만 잘 숙지하도록 합니다.

(3) format() 함수를 이용한 출력

format() 함수를 이용하여 출력하는 형태는 내용과 중괄호 { }를 원하는 순서대로 따옴표 안에 작성합니다. 중괄호에 대응되는 변수는 점(.) 작성 후 format() 함수 안에 순서대로 작성합니다. 다음 예제 3.11은 format() 함수를 이용하여 출력하는 예제입니다.

예제 3.11 format() 함수를 이용하여 출력

```python
a = int(input('첫 번째 숫자 입력: '))
b = int(input('두 번째 숫자 입력: '))
print('{0} x {1} = {2}'.format(a, b, a*b))
```

실행결과

```
첫 번째 숫자 입력: 3
두 번째 숫자 입력: 5
3 x 5 = 15
>>>
```

다음은 중괄호와 format() 함수 안의 변수들을 순서대로 대응하여 출력한 형태입니다. 중괄호 안의 번호는 대응되는 변수의 순서로써 인덱스라고 부르며, 0부터 시작합니다.

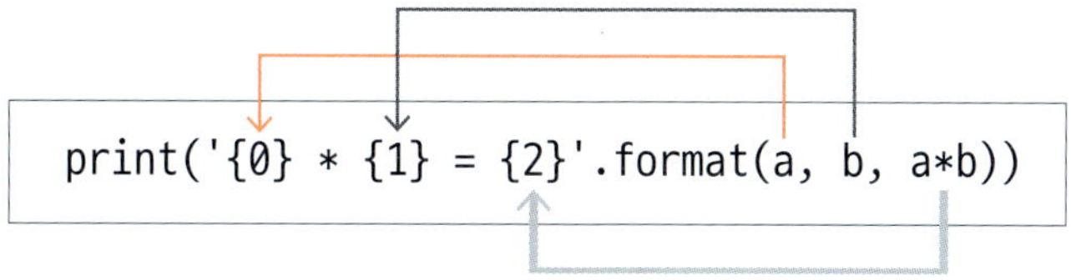

중괄호 순서대로 변수에 대응하여 출력할 때는 인덱스를 생략할 수 있지만, 순서를 변경하여 출력할 때는 인덱스를 원하는 대로 올바르게 작성해야 합니다. 또한, 자료를 여러 번 반복하여 출력할 때는 반복되기를 원하는 자료의 인덱스를 포함한 중괄호를 여러 번 반복하여 작성합니다. 예제 3.12는 중괄호 순서를 원하는 대로 변경하고 자료를 반복하여 출력한 예제입니다.

예제 3.12　중괄호 순서를 변경하고 자료를 반복하여 출력

```
print('{1} {1} 빛나는 {0}'.format('별','반짝'))
```

실행결과

```
빈짝 반짝 빛나는 별
>>>
```

변경된 중괄호 순서와 반복하여 출력한 자료를 대응하여 살펴보면 다음과 같습니다.

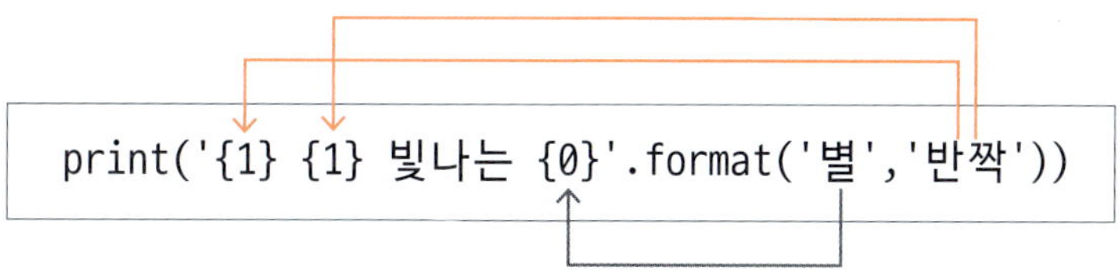

(4) f-string 함수를 이용한 출력

f-string 포매팅은 파이썬 3.6 버전부터 제공되기 시작했습니다. 문자열 맨 앞에 f를 붙여주고, 중괄호 안에 변수명이나 출력하고 싶은 자료를 직접 작성하면 됩니다. 사용법은 다음과 같습니다.

```
print( f'문자열 {변수} 문자열' )
```

예제 3.13 f-string을 이용하여 출력

```
menu = '커피'
count = 2
print(f'{menu}를 좋아해요, 하루 {count}잔 마셔요.')
```

실행결과

```
커피를 좋아해요, 하루 2잔 마셔요.
>>>
```

TIP

- **sep 옵션**: print( ) 함수에서 여러 값을 출력할 때 콤마(,)로 구분되어 있는 값 사이에 기본적으로 공백(스페이스)이 들어갑니다. 하지만 sep 옵션을 사용하면 공백 대신 다른 문자를 지정할 수 있습니다.
  - 예 print('Hello', 'World', sep=',')
  - 결과 Hello,World
- **end 옵션**: print( ) 함수는 기본적으로 출력 후 줄바꿈을 추가합니다. 이를 변경하고 싶다면 end 옵션을 사용하여 줄바꿈 대신 원하는 문자열을 지정할 수 있습니다.
  - 예 print('Hello', end=' ')
  - 결과 Hello (줄바꿈 없이 공백이 추가됨)

중간 점검

1. print() 함수에서 콤마(,)로 여러 값을 출력할 때 콤마(,)로 구분되어 있는 값 사이에는 자동으로 (   )이 들어갑니다.

[답] 공백

2. print('%d + %d = %d' % (a, b, a+b))에서 %d는 (   )를 의미합니다.

[답] 정수

요약(SUMMARY)

3.1 입력

input() 함수는 사용자의 입력을 받는 함수로 입력받은 값은 기본적으로 문자열로 저장됩니다. 숫자와 같은 자료형으로 입력을 처리하려면, int()나 float() 같은 자료형 변환 함수를 사용해야 합니다.

예 a = int(input('숫자 입력: '))

3.2 출력

print() 함수는 화면에 값을 출력하는 함수로 콤마(,)를 사용하여 여러 값을 한 번에 출력할 수 있으며, 기본적으로 값들 사이에 공백이 추가됩니다. print()는 다양한 출력 형식을 지원합니다.

파이썬에서는 여러 가지 방법으로 출력 형식을 지정할 수 있습니다.

다양한 출력 방법

1 콤마(,): 여러 값을 출력할 때 값을 콤마로 구분해 출력하며, 값들 사이에는 기본적으로 공백이 들어갑니다.

예 예: print('입력하신 이름은', name)

2 % 형식지정자: 형식지정자를 사용하여 값을 출력하는 방식으로, % 기호의 오른쪽에 값을 지정하면 됩니다. 여러 값일 경우 괄호 안에 묶어 지정합니다.

예 예: print('%d + %d = %d' % (a, b, a+b))

3 format() 함수: 중괄호 {}와 format() 함수를 이용하여 값을 출력하는 방식으로 중괄호의 인덱스에 따라 값을 대응시켜 출력합니다.

예 예: print('{0} x {1} = {2}'.format(a, b, a*b))

4 f-string: 파이썬 3.6부터 제공된 기능으로 문자열 앞에 f를 붙여 중괄호 안에 변수를 직접 넣어 출력합니다. 가독성이 좋고 사용이 간편합니다.

예 예: print(f'{a} x {b} = {a*b}')

연습문제

객관식

1. input() 함수로 입력받은 데이터는 기본적으로 ( ) 자료형으로 저장된다.

① 정수형 ② 실수형

③ 문자열형 ④ 불리언형

2. print() 함수에서 콤마(,)로 여러 값을 구분하여 출력할 때, 값 사이에 자동으로 ( )이 들어간다.

① 콤마(,) ② 공백(스페이스)

③ 줄바꿈 ④ 탭

3. 다음 코드를 실행하면 어떤 결과가 출력되는가?

```
a = 10
b = 20
print(f'{a} + {b} = {a+b}')
```

① 10 + 20 = 30 ② 10 + 20 = 1020

③ 오류 발생 ④ 아무것도 출력되지 않는다.

4. input() 함수로 입력받은 값을 정수로 변환하려면 ( ) 함수를 사용한다.

① str() ② int()

③ float() ④ bool()

5. input() 함수에 안내 메시지를 넣으려면 함수 내부에 ( )을/를 입력해야 한다.

① 숫자 ② 변수

③ 문자열 ④ 리스트

6. 다음 중 f-string을 사용한 출력 방식은 무엇인가?

① print('%s' % 'Python')　　② print('{} {}'.format('Hello', 'World'))

③ print(f'{a} + {b} = {a+b}')　　④ print('Hello', 'World')

7. print() 함수에서 여러 값을 출력할 때, 공백 대신 콤마(,)를 넣으려면 어떻게 해야 하는가?

① print(a + ',' + b)　　② print(a, b, sep=',')

③ print(a + b)　　④ print(a, ',', b)

O/X형

8. print('%d + %d = %d' % (3, 4, 3+4))의 결과는 "3 + 4 = 7"이다. (O/X)

9. format() 함수는 중괄호 {}를 사용하여 출력 형식을 지정할 수 있다. (O/X)

10. input() 함수로 받은 값은 항상 문자열로 처리되므로, 이를 계산하려면 자료형 변환이 필요하다. (O/X)

실습문제

1. 본인의 학번과 이름을 입력받아 콤마(,)를 이용하여 출력하시오.

```
hakbun = input('학번 입력: ')
name = input('이름 입력: ')
print(f'학번은 {hakbun}이고, 이름은 {name}입니다.')
```

실행결과

```
학번 입력: 202500000
이름 입력: 파이썬
학번은 202500000이고, 이름은 파이썬입니다.
>>>
```

2. 반지름을 입력받아 원의 넓이를 계산 후 % 형식지정자를 이용하여 출력하시오.

```
radius = int(input('반지름 입력: '))
area = 3.14 * radius * radius
print(f'원의 넓이는 {area}입니다.')
```

실행결과

```
반지름 입력: 5
원의 넓이는 78.5입니다.
>>>
```

3. 가로 및 세로 길이를 입력받아 사각형의 넓이를 계산 후 format() 함수를 이용하여 출력하시오.

```
width = int(input('가로 길이 입력: '))
height = int(input('세로 길이 입력: '))
area = width * height
print(f'가로: {width}, 세로: {height}, 넓이: {area}')
```

실행결과

```
가로 길이 입력: 10
세로 길이 입력: 20
가로: 10, 세로: 20, 넓이: 200
>>>
```

4. 다음 파이썬 코드의 실행 결과를 작성하시오.

```
account = 100000
name = input('회원이시면 이름 입력: ')
account += 1000
print(f'{name} 회원님에게 1,000 point 지급')
print(f'{name} 회원님 잔고: {account:,} point')
```

실행결과

```
회원이시면 이름 입력: 파이썬
```

>>>

[도전문제]

1. 시간의 초를 입력받아 분과 초를 출력하는 실행 결과가 나오도록 빈칸을 완성하시오.

```
total = ______ (______ ('시간의 전체 초 입력: '))
min = total / 60
sec = total % 60
print(f'__________________________')
```

실행결과

```
    시간의 전체 초 입력: 753
    753초: 12분 33초
>>>
```

2. 출생연도를 입력받아 나이를 출력하는 실행 결과가 나오도록 빈칸을 완성하시오.

```
name = input('이름 입력: ')
year = int(input('출생년도 입력: '))
age = 2025 - year
print(f'__________________________')
```

실행결과

```
    이름 입력: 파이썬
    출생년도 입력: 2006
    파이썬님의 한국 나이는 19살
>>>
```

3. 밑변과 높이를 입력받아 삼각형의 넓이를 출력하는 실행 결과가 나오도록 빈칸을 완성하시오.

```
base = ______ (input('밑변의 길이: '))
height = ______ (input('높이의 길이: '))
area = (base * height) / 2
print(f'__________________________________________')
```

실행결과

```
밑변의 길이: 3.5
높이의 길이: 9.7
밑변 3.5, 높이 9.7인 삼각형의 넓이: 16.97
>>>
```

4. 본인의 키를 입력받아 표준 체중을 출력하시오.

공식 키-100*0.9

실행결과

```
키 입력: 180
키 180.0cm의 표준 체중은 72.0kg입니다.
>>>
```

5. 숫자 2개를 입력받아 사칙 연산을 출력하시오.

실행결과

```
    첫 번째 숫자 입력: 20
    두 번째 숫자 입력: 10

    20 + 10 = 30
    20 - 10 = 10
    20 x 10 = 200
    20 / 10 = 2.0
>>>
```

6. 세 과목의 점수를 입력받아 총점과 평균을 출력하시오.

실행결과

```
    국어 점수: 86
    영어 점수: 82
    수학 점수: 97
    국어:86점, 영어:82점, 수학:97점 ⇒ 총점:265, 평균:88.33
>>>
```

Chapter

기본 자료형과 문자열형

학습목표

★ 기본 자료형의 종류와 특징을 이해하고 각 자료형의 용도에 맞는 데이터를 처리할 수 있습니다.

★ 문자열(String) 자료형의 기본적인 개념을 이해하고, 문자열 관련 연산 및 함수(문자열 연결, 슬라이싱, 길이 확인 등)를 활용할 수 있습니다.

CHAPTER

04 기본 자료형과 문자열형

변수란 값을 저장할 수 있는 기억 공간입니다. 변수를 이용하면 숫자를 세거나 수식을 계산하는 등 다양한 명령을 쉽게 만들 수 있습니다. 변수는 변수를 나타내는 고유의 이름인 '변수명'을 사용하여 선언합니다. 파이썬에서는 "변수명=자료(data)"라고 쓰면 변수 선언이 됩니다.

4.1 변수 되돌아보기

변수는 값을 저장할 수 있는 기억 공간으로 특정 값에 이름표를 붙이는 것과 같습니다. 예를 들어, 음식을 다 만들면 그 음식을 그릇에 담는 것은 당연한 순서입니다. 이 상황을 프로그래밍 언어에 비유해 보면, 음식은 실제 값인 데이터이고, 그 음식을 담는 그릇은 변수에 해당합니다. 이때, 그릇에는 항상 같은 음식만 담기는 것이 아니라 다양한 음식들이 담길 수 있습니다. 이처럼, 그릇에 담기는 음식이 매번 다를 수 있듯이, 데이터도 변할 수 있기 때문에 '변수'라고 부릅니다.

그림 4.1

우리가 회원 가입을 통해 아이디를 만드는 것이 컴퓨터가 변수를 사용하는 하나의 방법입니다. 각 사람마다 아이디가 다르듯 변수는 데이터, 즉 다양한 정보를 담을 수 있는 그릇과 같습니다. 이 그릇에 어떤 데이터를 담을지 지정하는 것이 변수의 역할입니다.

어떻게 변수를 정하면 좋을까요? 다음의 예를 살펴봅시다.

보라가 (웹툰)을 봅니다.

보라가 (유튜브)를 봅니다.

보라가 (스마트폰)을 봅니다.

보라가 (버스)를 봅니다.

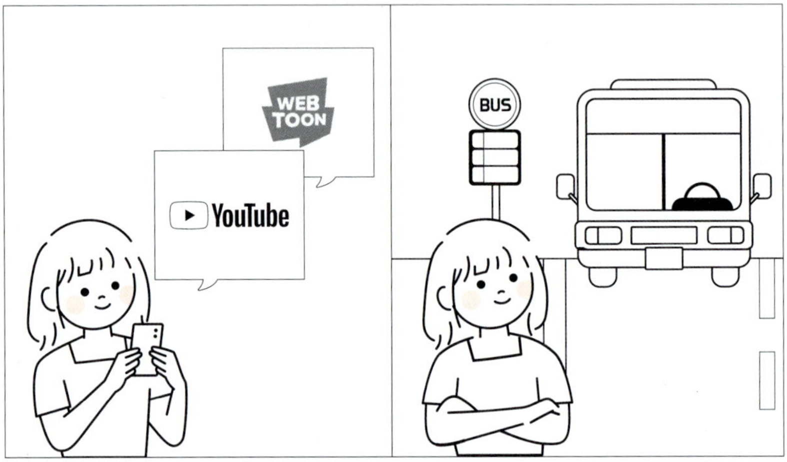

앞에 있는 여러 문장을 줄이면 "보라가 (   )을/를 봅니다."로 나타낼 수 있습니다. 이때, 계속해서 변하는 데이터가 들어오는 부분 ( )을 변수로 지정하여 규칙을 만들면 좀 더 유연하고 효율적인 문장의 표현 방법이 될 것입니다. 이처럼 공통으로 계속해서 변하는 데이터가 들어오는 부분을 변수로 사용하는 것이 좋습니다.

따라서 변수는 다양한 데이터 값을 담을 수 있는 유연한 기억 공간으로, 상황에 따라 다른 값을 담을 수 있는 그릇으로 이해하고 만들 수 있습니다.

변수의 이름을 만드는 이유는 무엇일까요? 변수의 이름으로 프로그램 중간마다 불러 사용하기 때문입니다. 만약 변수의 이름이 없다면 프로그램 중간에 원하는 변수를 불러서 사용하기 어렵습니다.

연락처 어플을 이용해 연락처를 저장하는 경우를 생각해 봅시다. 앞서 설명한 변수의 개념을 여기에서도 적용할 수 있습니다. 연락처 어플에서 많은 사람들이 정보를 입력할 때, 계속해서 변하는 데이터를 확인해 보면, 이름, 직장, 전화번호, 이메일 등이 있습니다. 이러한 각각의 정보가 바로 변수에 해당합니다.

이름, 직장, 전화번호, 이메일이라는 변수들이 있고, 프로그램은 우리가 입력하는 실제 데이터를 이 변수들을 사용해 저장합니다. 이 공간에 각 사용자가 입력한 데이터를 저장하여, 필요할 때마다 해당 정보를 불러올 수 있게 하는 것이 변수의 역할입니다. 따라서 변수를 통해 다양한 사람들의 연락처 정보를 효율적으로 관리할 수 있게 됩니다.

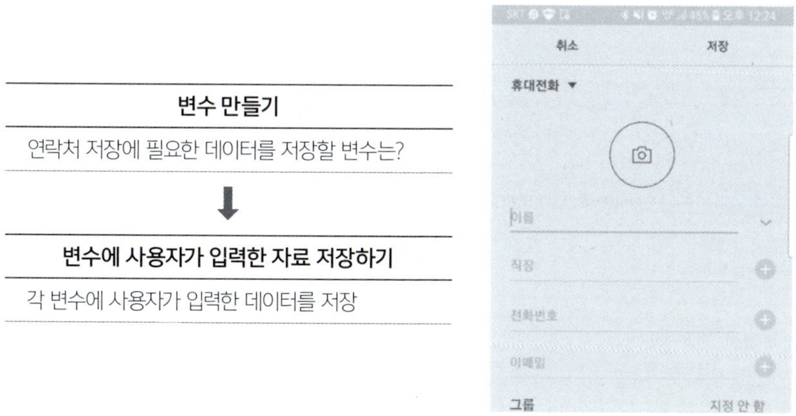

그림 4.2

파이썬 코드로 나타내면 다음과 같이 작성할 수 있습니다.

```
name=input('이름:')
job=input('직장:')
tel=input('전화번호:')
email=input('이메일:')
```

4.2 자료형

자료는 컴퓨터가 처리할 수 있는 숫자나 문자 등을 말합니다. 키, 몸무게 등과 같은 숫자로 구성된 자료, 이름과 같은 글자로 구성된 자료 등 자료의 특성에 따라 자료형을 구분합니다. 파이썬은 숫자, 문자열, 부울, 딕셔너리 등의 자료형을 제공합니다.

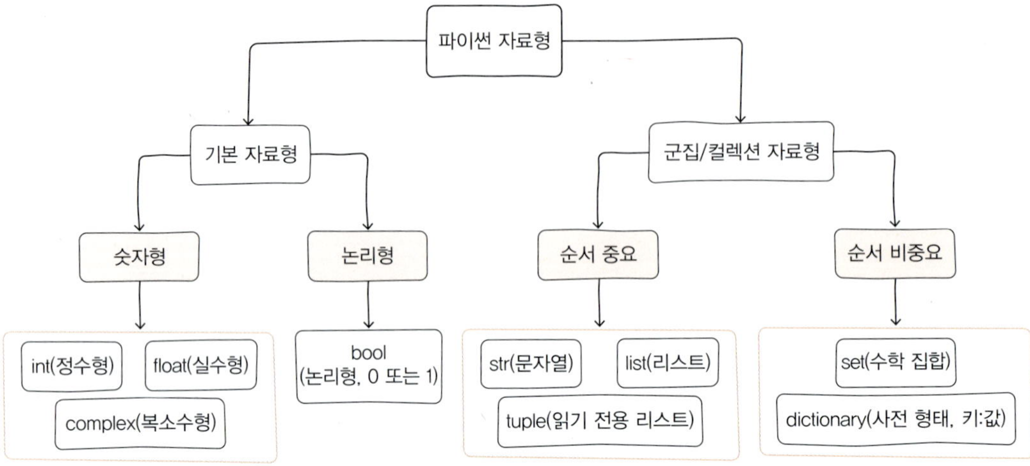

그림 4.3

파이썬은 변수의 타입을 선언하지 않아도 값이 할당되면 자동으로 변수의 자료형이 결정됩니다. 변수의 자료형을 출력할 때는 type()을 사용합니다.

표 4.1

코드	실행 결과	데이터형
a = 5 type(a)	int	정수형
a = 5.3 type(a)	float	실수형
a = 'python' type(a)	str	문자열형
a = True type(a)	bool	부울형
a=[1,2,3,3] type(a)	list	리스트형
a={1,2,3,3} type(a)	set	세트형
a=(1,2,3,3) type(a)	tuple	튜플형
a={1: 'python', 2: 'Java'} type(a)	dict	딕셔너리형

4.1에서 살펴보았던 연락처 어플에서의 각 변수의 자료의 타입은 무엇일까요? 특별히 수학적인 계산을 사용하지 않고 문자열 그대로 저장하기에 문자열(string)형을 사용합니다.

(1) 숫자 자료형

파이썬에서는 숫자 자료형을 '정수'와 '실수'로 구분합니다. 수학에서는 3과 3.0을 같은 값으로 취급하지만, 파이썬에서는 3과 3.0을 서로 다른 자료형으로 봅니다.

3	int(정수형)
3.0	float형(실수형)

파이썬에서 정수는 소수점 없이 표현되는 숫자를 의미하기에 3은 정수형(integer)으로 인식합니다. 반면에 실수는 소수점을 포함한 숫자를 의미하기에 3.0은 실수형(float)으로 인식합니다. 이러한 차이는 파이썬에서 숫자를 다룰 때, 각각의 타입에 맞는 방법으로 처리해야 함을 의미합니다.

정수형과 실수형은 언제 사용하는 것이 좋을까요? 정수는 나이 차이, 연도, 월, 일, 개수, 등수, 과목 수와 같이 소수점이 나오지 않는 경우에 사용합니다. 실수는 과목 평균, 시력, 키와 같은 소수점이 필요한 경우에 사용합니다.

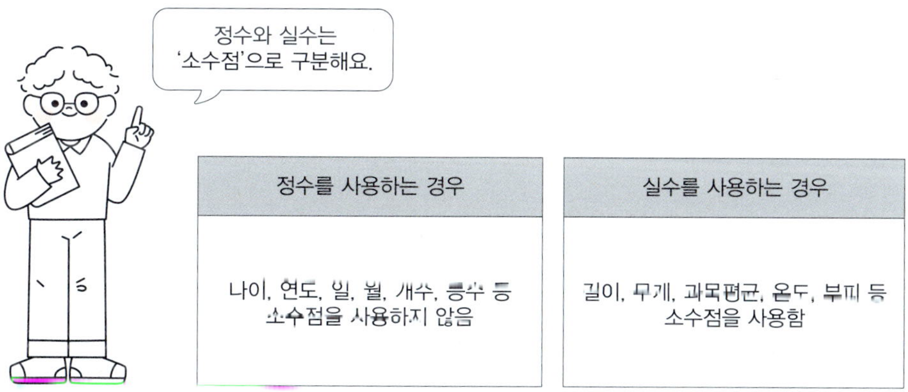

그림 4.4

예제 4.1 **정수형과 문자열형**

```
num=input('수를 입력하세요')
print(type(num))
```

실행결과

```
수를 입력하세요 45 Enter
<class 'str'>
```

input()을 사용하면 사용자가 키보드로 입력한 값이 문자열형으로 인식됩니다. 따라서 입력한 값은 숫자형이 아니기에 입력한 값을 숫자 데이터형으로 변환하여 저장할 필요가 있습니다. 이때 형변환 함수로 감싸주면 쉽게 해결이 가능합니다. 형변환 함수는 정수형으로 변환하는 int(), 실수형으로 변환하는 float()를 사용합니다.

예제 4.2 **정수형 형변환**

```
num1=int(input('1st:'))
num2=int(input('2st:'))
print(num1+num2)
```

실행결과

```
1st:3 Enter
2st:3 Enter
6
```

예제 4.3 **실수형 형변환**

```
num1=float(input('1st:'))
num2=float(input('2st:'))
print(num1+num2)
```

실행결과

```
1st:3 Enter
2st:3 Enter
6.0
```

형변환 함수를 사용하지 않아도 자동으로 자료형이 변환되는 경우가 있습니다. 정수와 정수의 나눗셈 연산이 여기에 해당됩니다.

예제 4.4 나눗셈 연산 결과

```
>>> 4/2
2.0
```

```
>>> 4/2
2.0
```

정수형 나눗셈의 결과로 나온 값이 실수형(float)인 것을 확인할 수 있습니다.

만약 정수형과 실수형의 산술 연산 결과는 어떤 자료형이 될까요?

예제 4.5 정수형과 실수형 연산

```
result = 3 * 3.0
print(result)  # 출력: 9.0
print(type(result))  # 출력: <class
'float'>
```

```
result = 3 + 3.0
print(result)  # 출력: 6.0
print(type(result))  # 출력: <class
'float'>
```

위 코드에서 3(정수)과 3.0(실수)을 곱하거나 더해도 결과는 항상 실수형 값이 된다는 것을 알 수 있습니다.

중간 점검

1. 몸무게를 소숫점까지 입력받아 처리하기 위해서는 어떤 자료형으로 변환해야 할까요?

몸무게= ______ (input('입력:'))

[답] float

(2) 문자열(String)

문자열은 문자들의 연속된 묶음으로 많이 사용되는 자료형으로 파이썬에서는 글자를 문자열이라고 부릅니다.

우리가 어플을 이용해 로그인을 할 경우 아이디를 입력하고 비밀번호를 입력한 후에 저장합니다. 저장한 데이터형은 문자 그대로를 이용하는 문자열형입니다. 파이썬에서는 문자열을 Single

Quotation (‘) 또는 Double Quotation (“”)를 이용하여 나타냅니다.

연락처의 어플에서 아이디와 비밀번호를 입력받아 자료형을 확인해 보면 문자열형인 것을 확인할 수 있습니다.

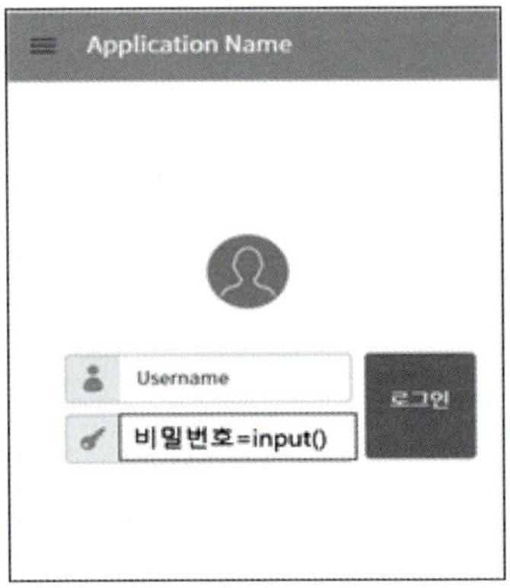

그림 4.5

예제 4.6 입력 함수와 문자형

```
id=input('아이디: ')
pwd=input('비밀번호: ')
print(type(id), type(pwd))
```

```
아이디: python Enter
비밀번호: 1234 Enter
<class 'str'> <class 'str'>
```

① 문자열형 연산: ‘+’, ‘*’

파이썬에서는 문자열을 더하거나 곱할 수 있습니다. ‘+’ 연산은 문자열을 합쳐주는 역할을 하고, ‘*’는 문자열을 반복하는 역할을 합니다. 다음의 예를 실습해 봅시다.

예제 4.7 문자형의 병합

```
name='동동'+'일'
print(name)
```

실행결과

```
동동일
```

```
s='@'*5
print(s)
```

실행결과

```
@@@@@
```

② 문자열의 길이: len(문자열)

len()은 문자 또는 문자열의 길이를 알려주는 함수입니다.

웹사이트를 가입할 때 아이디의 길이를 제한하거나, 비밀번호의 길이는 6글자 이상인 경우처럼 문자열의 경우 총 몇 개의 문자가 있는지 파악해야 하는 경우에 사용합니다. 다음은 len()을 사용하여 아이디의 문자 갯수를 출력하는 예입니다.

예제 4.8 len() 사용법

```
id=input("아이디:")
print(len(id))
```

```
아이디:python [Enter]
6
```

공백(Space)이 포함되어 있는 문자열의 길이는 어떻게 될까요? 다음의 예의 결과를 예상해 봅시다.

예제 4.9 공백 포함된 문자열 길이

```
x="I am Happy"
print(len(x))
```

출력 결과는 10입니다. 공백도 문자로 인식되기 때문에 알파벳 8개, 공백 2개가 있어서 총 10개의 문자로 인식합니다.

③ 문자열의 인덱싱

순서가 있는 자료형에서 모든 요소는 순서가 정해져 있는데 이것을 인덱스라 합니다. 앞에서부터 순서를 매길 때는 처음 문자의 인덱스는 0이고 그 다음 문자들의 인덱스는 1씩 증가합니다. 뒤에서부터 인덱스 순서를 매길때는 마지막 문자가 인덱스 -1로 시작하여 1씩 감소합니다.

인덱스 →	0	1	2	3	
	g	o	o	d	
	-4	-3	-2	-1	← 인덱스

문자열은 여러 개의 문자들로 구성되고, 각 문자는 인덱스를 사용하여 접근하는 것을 인덱싱이라고 합니다. 문자열의 값에 접근하려면 '문자열[인덱스]'를 사용합니다.

예제 4.10 **문자열 인덱싱**

```
x='good'
print(x[0] , x[-1])
```

실행결과

```
g d
```

문자열에서 특정 문자를 출력하기 위해 인덱스를 사용할 때, 공백도 포함하여 계산해야 합니다. 만약 문자열 'good luck'에서 'l' 문자를 출력하려면 어떻게 해야할까요? 'good luck' 문자열에서 각 문자의 인덱스를 살펴보면 다음과 같습니다.

0	1	2	3	4	5	6	7	8
g	o	o	d		l	u	c	k

그림 4.6

이 문자열에서 'l'은 인덱스 5에 위치해 있습니다. 따라서 'l'을 출력하려면 다음과 같이 작성할 수 있습니다.

예제 4.11 **문자열 인덱싱**

```
x='good luck'
x[5]
```

실행결과

```
1
```

중간 점검

1. 순서가 있는 자료형에서 모든 요소는 순서가 정해져 있는데 이것을 (　　)이라 합니다.

[답] 인덱스

2. 문자열은 여러 개의 문자들로 구성되고, 각 문자는 인덱스를 사용하여 접근하는 것을 (　　)이라고 합니다.

[답] 인덱싱

④ 문자열 슬라이싱

문자열의 인덱스를 활용하여 일부분을 추출하는 것을 슬라이싱이라고 합니다. 문자열의 슬라이싱 형식은 다음과 같습니다.

슬라이싱 형식	예
양수 인덱스를 사용할 때 형식: 문자열[시작 인덱스:끝 인덱스+1:간격]	s = 'abcdef' print(s[1:4]) #'bcd' print(s[-4:-1]) #'cde'
음수 인덱스를 사용할 때 형식: 문자열[시작 인덱스:끝 인덱스-1:간격]	

시작 인덱스가 0일 때는 생략이 가능하고 끝 인덱스가 마지막 문자일때도 생략이 가능합니다. 또한 간격은 인덱스가 1씩 증가할 때 생략이 가능합니다. 따라서 [:m]은 처음부터 m-1번째까지를 의미하고, [n:]은 n부터 문자열의 마지막까지를 의미합니다. 만약 인덱스가 1씩 증가하는 것이 아니라면 간격에 값을 써줘야 합니다. 다음의 예제의 결과를 예상해 보고 확인해 봅시다.

예제 4.12 문자열과 인덱스

```
words="good luck"
print(words[5:9])
print(words[5:])
print(words[:4])
print(words[::2])
print(words[::-1])
```

실행결과

```
luck
luck
good
go uk
kcul doog
```

⑤ 문자열 조작 함수

함수	기능
문자열.replace(x1, x2)	문자열에서 x1을 x2로 변경
문자열.split(x)	문자열을 x 기준으로 분리(※ 공백을 기준으로 분리하는 것은 default이므로 split()으로 작성)
문자열.upper()	문자열을 대문자로 변환
문자열.lower()	문자열을 소문자로 변환
문자열.find(x)	문자열에서 x의 인덱스 찾기
문자열.count(x)	문자열에서 x의 개수
문자열.isdigi()	문자열이 숫자로만 구성되어 있는지 판별
문자열.isalpha()	문자열이 문자로만 구성되었는지 판별
문자열.isalnum()	문자열이 문자 또는 숫자로만 구성되었는지 판별(예: 'A12 as'의 경우 공백(특수문자)이 포함되어 있어서 False를 출력함)

문자열 조작함수의 사용 예는 다음과 같습니다.

예제 4.13 문자열 함수 사용 예

```
s = '간절히 바라는 마음이 있어야 Magic이 일어날 수 있어'
# 원본 문장 출력
print('원본 문장:', s)
# 1. 문자열.replace(x1, x2): '공백'을 '-'로 변경
print('1:', s.replace(' ', '-'))
# 2. 문자열.split(x): 단어들을 공백 기준으로 분리
print('2:', s.split())
# 3. 문자열.upper(): 대문자로 변환
print('3:', s.upper())
# 4. 문자열.lower(): 소문자로 변환
```

```
print('4:', s.lower())
# 5. 문자열.find(x): '바'의 인덱스 찾기
print('5:', s.find('바'))
# 6. 문자열.count(x): '이' 문자의 개수 세기
print('6:', s.count('이'))
# 7. 문자열.isdigit(): 숫자로만 이루어졌는지 판별
print('7:', s.isdigit())
# 8. 문자열.isalpha(): 문자로만 이루어졌는지 판별
print('8:',s.isalpha())
# 9. 문자열.isalnum(): 문자 또는 숫자로만 이루어졌는지 판별
print('9:', s.isalnum())
```

실행결과

```
원본 문장: 간절히 바라는 마음이 있어야 Magic이 일어날 수 있어
1: 간절히-바라는-마음이-있어야-Magic이-일어날-수-있어
2: ['간절히', '바라는', '마음이', '있어야', 'Magic이', '일어날', '수', '있어']
3: 간절히 바라는 마음이 있어야 MAGIC이 일어날 수 있어
4: 간절히 바라는 마음이 있어야 magic이 일어날 수 있어
5: 4
6: 2
7: False
8: False
9: False
```

중간 점검

1. 문자열의 인덱스 번호를 활용하여 일부분을 추출하는 것을 (   )이라고 합니다.

[답] 슬라이싱

2. '문자열[시작 인덱스:끝 인덱스+1:증감값]' 형식을 사용하고, 범위는 시작 인덱스부터 (   )까지 입니다.

[답] 끝 인덱스

요약(SUMMARY)

4.1 변수 되돌아보기

변수는 데이터를 저장하는 공간이고,

변수명으로 데이터를 저장하고,

필요할 때 값을 불러올 수 있습니다.

4.2 자료형

자료는 컴퓨터가 처리할 수 있는 숫자나 문자 등을 의미하며, 주요 자료형과 특징은 다음과 같습니다.

- 정수형(int) : 소수점 없는 숫자
- 실수형(float) : 소수점을 포함하는 숫자
- 문자열형(str) : 따옴표로 감싸진 문자들의 연속
- 부울형(bool) : 참(True)과 거짓(False)
- 리스트, 세트, 튜플, 딕셔너리 등 다양한 자료구조도 자료형에 포함됩니다.
- 문자열은 문자들의 연속된 묶음으로 파이썬에서는 문자열을 ' ' 혹은 " "으로 감싸서 표현합니다.
- 문자열에서 특정 문자를 인덱스로 접근하여 추출할 수 있고, 문자열[시작:끝] 형식을 사용하여 문자열의 일부분을 추출할 수 있습니다.

연습문제

객관식

1. 파이썬에서 정수형 데이터를 나타내는 자료형은 무엇인가?

   ① float　　② int
   ③ str　　④ bool

2. 다음 중 문자열을 올바르게 선언한 것은?

   ① 'Hello, World!'　　② Hello, World!
   ③ 12345　　④ [1, 2, 3, 4, 5]

3. 다음 중 float 자료형에 해당하는 값은 무엇인가?

   ① 3　　② '3.0'
   ③ 3.0　　④ True

4. 문자열의 길이를 구하는 함수는 무엇인가?

   ① length()　　② len()
   ③ size()　　④ count()

5. 변수 a가 'Hello'이고, b가 'World!'일 때 a + b의 결과는 무엇인가?

   ① 'Hello World!'　　② 'Hello, World!'
   ③ 'HelloWorld!'　　④ Error 발생

6. 문자열 "Hello"의 인덱스가 1인 문자는 무엇인가?

   ① H　　② e
   ③ l　　④ o

7. 문자열 슬라이싱에서 s[2:5]의 결과는 무엇인가? (s = "Python")

① 'Pyt'　② 'tho'

③ 'yth'　④ 'thon'

8. 다음 중 문자열 s = "Hello World"에서 모든 문자를 소문자로 변환하기 위해 사용하는 함수는 무엇인가?

① s.upper()　② s.lower()

③ s.split()　④ s.isdigit()

O/X형

9. 파이썬에서는 변수를 선언할때 자료형을 명시해야 한다. (O/X)

10. 문자열의 처음 인덱스는 0부터 시작한다. (O/X)

단답형

11. print('abc' * 2)의 결과는 (　　　　)다.

12. s= 'apple,banana,grape'일때, 쉼표(,)를 기준으로 분리하는 문자열 조작함수를 사용하여 작성하시오.

[실습문제]

1. 다음 파이썬 코드의 결과를 예측해 보자.

```
>>>name="happy"
>>>location="seoul"
>>>print("My name is"+ name + "."+"I live in"+location+".")
```

실행결과

```
>>>
```

2. 다음 파이썬 코드의 결과를 예측해 보자.

```
>>>str1="happy python"
>>>str2="cheer up"
>>>print(len(str1)+len(str2))
```

실행결과

```
>>>
```

3. 다음 파이썬 코드의 실행결과를 작성해 보자.

```
music='beautiful my life'
print('1:', len(music))
print('2:', music[:7])
print('3:', music[3:])
print('4:', music[2:5])
print('5:', music[::-1])
print('6:', music[-1:-4:-1])
```

실행결과

```
>>>
1: ______________________
2: ______________________
3: ______________________
4: ______________________
5: ______________________
6: ______________________
```

4. 다음 파이썬 코드의 실행결과는 무엇인가?

```
title='toy story 4'
print(title[4:9])
```

실행결과

```
>>> ______________________________________
```

도전문제

1. 문자열의 슬라이싱을 이용하여 밑줄 친 곳을 채워 프로그램을 완성하시오.

```
name='hong gildong'
family_name= ____________________
print(family_name)
```

실행결과

```
>>> hong
```

2. 사용자로부터 연필의 개수와 펜의 개수를 입력받아 총 가격을 계산하는 프로그램을 작성하였지만, 원하는 결과를 얻을 수 없었습니다. 문제가 되는 명령문을 수정한 후 올바른 실행결과를 출력해 보시오.

수정 전 코드	수정 후 코드
pencil=input(' 연필 개수:') pen=input('펜 개수:') total_price=pencil*400+pen*800 print(total_price)	______ ______ ______ ______
연필 개수: 1 펜 개수: 2 11111111111111111111111111111111 ~~중 략~~ 2222222222222222222222222222222222	______ ______ ______ ______ ______

실행결과

```
>>>
```

3. 실행결과를 보고 밑줄을 채워 프로그램을 완성하시오.

```
num1=input('입력:')
num1= ____________________
print(num1+6)
```

실행결과

```
입력: 14
20
```

4. 3과목의 점수를 입력받아 합계와 평균을 계산하는 파이썬 프로그램을 작성하시오.

조건 - 사용자로부터 3개의 과목 점수를 각각 입력받는다.

- 합계, 평균은 변수로 선언한다(변수명은 적절하게 사용하시오).

실행결과

```
>>> A과목: 90
B과목: 90
C과목: 90
평균: 90.0
총점 : 270
```

5. 음원제공 사이트에서 10주년 기념으로 구입하는 음원의 30%를 할인해 주고 있다. 구입하는 음원의 총 가격을 계산해 주는 파이썬 프로그램을 작성하시오.

조건
- 음원 1개당 400원이다.
- 총 가격의 30%를 할인한다.
- 총 가격, 음원 개수는 변수로 선언한다(변수명은 적절하게 사용하시오).

실행결과

```
>>> 구입 음원 개수 : 9
총 가격: 3600원
할인금액 : 1080원
총 구입 가격: 2520원
```

6. 이름과 연락처를 입력받아 연락처의 경우 '-' 기호를 제외하고 저장하는 어플을 만들어보자. 주어진 조건과 실행결과를 보고 파이썬 프로그램을 작성하시오.

조건
- 사용자로부터 이름과 연락처를 입력받는다.
- 연락처는 '-'를 제거하여 저장한다(hint : replace()를 사용).
- 이름과 연락처는 변수로 선언한다(변수명은 적절하게 사용하시오).

실행결과

```
>>> 이름: 동동일
연락처 : 010-1111-1111
동동일 01011111111
```

Chapter 05

컬렉션 자료형

5.1 컬렉션 자료형의 개념과 필요성

5.2 리스트 자료형

5.3 튜플 자료형

5.4 딕셔너리 자료형

5.5 세트 자료형

- 요약
- 연습문제

학습목표

★ 파이썬에서 컬렉션 자료형을 설명할 수 있습니다.

★ 리스트와 튜플을 활용하여 문제를 해결할 수 있습니다.

★ 딕셔너리를 활용하여 문제를 해결할 수 있습니다.

★ 세트를 활용하여 문제를 해결할 수 있습니다.

★ 컬렉션 자료형의 특징과 차이점을 이해하여 효율적인 자료형을 선택하여 문제를 해결할 수 있습니다.

CHAPTER

05 컬렉션 자료형

5.1 컬렉션 자료형의 개념과 필요성

어떤 프로그래밍 언어든 "그 언어의 자료형을 알고 이해할 수 있다면 이미 그 언어의 절반을 터득한 것이나 다름없다."는 말이 있습니다. 자료형이란 프로그래밍을 할 때 쓰이는 숫자, 문자열 등 자료 형태로 사용하는 모든 것을 뜻하며, 프로그램의 기본이자 핵심 단위가 바로 자료형입니다.

지금까지는 숫자형, 문자열형 등의 값을 저장하기 위해서는 값의 개수만큼 변수가 필요했습니다. 예를 들어 내가 좋아하는 음악의 플레이리스트를 만들기 위해서 자료를 저장한다고 할 때, 음악의 개수만큼 변수의 개수가 필요했습니다. 변수는 하나의 값을 저장할 수밖에 없기 때문에 한 번에 여러 개의 값을 저장하거나 여러 가지 데이터들을 관계있는 그룹으로 관리하는 데 어려움이 있습니다.

파이썬은 이러한 문제를 해결할 수 있는 방법으로 다양하면서 효율적인 컬렉션 자료형들을 제공하는데 리스트, 튜플, 딕셔너리, 세트 등의 자료형이 있습니다.

"컬렉션"은 여러 개의 값을 하나의 변수에 담을 수 있으며, 변수 안에 공간을 여러 개 가지며, 변수 안에 서로 다른 공간을 찾는 방법을 가지고 있습니다. 파이썬에서 제공하는 컬렉션 자료형의 종류는 다음과 같습니다.

표 5.1

컬렉션 자료형 종류	생성 방법
리스트(list)	[값1, 값2, ...]
튜플(tuple)	(값1, 값2, ...)
딕셔너리(dictionary)	{키:값, ...}
세트(set)	{값1, 값2, ...}

중간 점검

1. 컬렉션 자료형 중에서 리스트를 생성하는 기호를 쓰시오.

[답] []

2. 컬렉션 자료형 중에서 튜플을 생성하는 기호를 쓰시오.

[답] ()

5.2 리스트 자료형

파이썬 프로그래밍 언어 내에서 가장 많이 쓰이는 구조인 리스트를 이용하면 많은 양의 데이터들을 한 번에 모아 효율적으로 처리하고 저장할 수 있습니다.

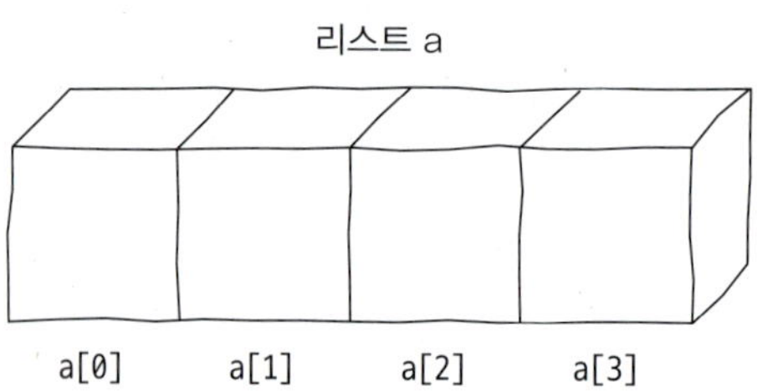

그림 5.1

기존의 변수는 오직 하나의 데이터를 저장하기 때문에 1,000명의 점수 데이터를 저장하기 위해서는 1,000개의 변수가 필요하지만, 리스트는 오직 하나의 리스트 변수를 이용하여 1,000명의 점수 데이터를 효율적으로 저장하고 처리할 수 있습니다. 이번 학기 이수한 과목의 점수를 입력 받고 합계를 출력하는 프로그램을 작성해 봅시다.

예제 5.1 일반 변수 사용

```
hap=0
a=int(input('num1:'))
b=int(input('num2:'))
c=int(input('num3:'))
d=int(input('num4:'))

hap=a+b+c+d

print('hap',hap)
```

실행결과

```
num1:10
num2:10
num3:10
num4:10
hap 40
```

예제 5.2 리스트 변수 사용

```
a=[10,10,10,10]
a[0]=int(input('num1:'))
a[1]=int(input('num2:'))
a[2]=int(input('num3:'))
a[3]=int(input('num4:'))

hap=a[0]+a[1]+a[2]+a[3]

print('hap',hap)
```

실행결과

```
num1:10
num2:10
num3:10
num4:10
hap 40
```

(1) 리스트 문법

대괄호 [ ] 안에 서로 다른 자료형의 값을 콤마(,)로 구분해 하나 이상 저장할 수 있는 컬렉션 자료형으로 대괄호 [ ]에 넣는 자료를 요소(element)라고 부르며, 요소들은 순서를 가지고 있고 인덱스를 사용하여 참조할 수 있습니다.

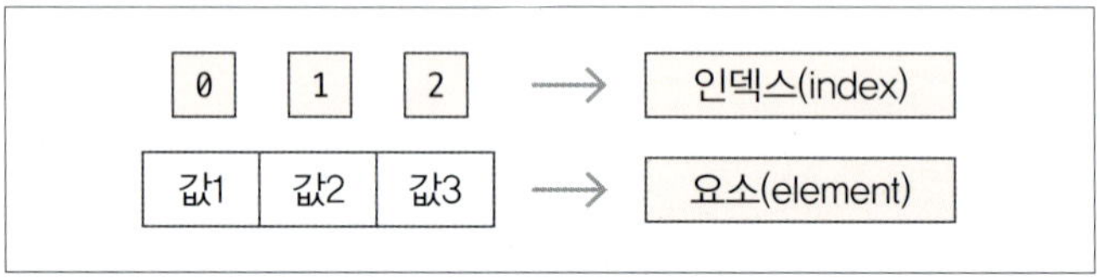

리스트 문법

```
리스트명 = [값1, 값2, 값3, .....]
```

빈 리스트 생성

```
>>> a = []
>>> a
[]
>>> b = list()
>>> b
[]
```

리스트의 요소는 보통의 경우 동일한 자료형으로 구성되는데 서로 다른 자료형도 가능하며, 또 다른 리스트로 포함할 수 있습니다. 파이썬에서 제공하는 리스트는 여러 자료형을 섞어서 저장할 수도 있습니다.

리스트 초기화

```
>>> a
[1, 2, 3, 4, 5]
>>> b=['Hello','Python']
>>> b
['Hello', 'Python']
>>> c=[1,2,'Hello',[10,20]]
>>> c
[1, 2, 'Hello', [10, 20]]
```

> **TIP** **리스트에 저장할 수 있는 항목**
>
> 리스트에는 다양한 유형의 데이터를 저장할 수 있습니다. 예를 들어 다음의 리스트에는 학생의 이름(문자열), 성적(실수), 졸업년도(정수)가 저장되어 있습니다.
>
> ["Kim", 3.9, 2023]

(2) 리스트 인덱싱(Indexing) 및 슬라이싱(Slicing)

리스트도 문자열처럼 인덱싱과 슬라이싱이 가능합니다. 인덱싱(Indexing)은 무엇인가 '가르킨다'라는 의미이고 슬라이싱(Slicing)은 무엇인가 '잘라낸다'라는 의미입니다.

리스트 인덱스(index) 구조

```
>>> a=[10, 20, 30, 40]
```

인덱스(index) →	0	1	2	3
	10	20	30	40
인덱스(index) →	-4	-3	-2	-1

리스트 인덱싱(Indexing) 사용하기

```
>>> a=[10,20,30,40]
>>> a
[10, 20, 30, 40]
>>> a[0] # 리스트 첫 번째 값을 가져온다.
10
>>> a[0]+a[1]
30
>>> a[-1] # 리스트 마지막 값을 가져온다.
40
>>> a[4]
Traceback (most recent call last):
  File "<pyshell#21>", line 1, in <module>
    a[4]
IndexError: list index out of range
```

리스트의 첫 번째 요소의 위치를 0에서 시작하는데 파이썬 뿐만 아니라 다른 프로그래밍 언어도 대부분 0에서 시작합니다. 프로그래밍을 하다 보면 리스트의 마지막 항목에 접근해야 할 때가 많은 데 파이썬에서는 리스트의 마지막 요소에 접근하는 특별한 문법이 있습니다. [-1]인데, 이 요청을 하면 항상 리스트의 마지막 요소를 반환하며, 이를 확장해서 [-2]는 뒤에서 두 번째 요소를, [-3]은 뒤에서 세 번째 요소를 반환합니다.

리스트 슬라이싱

```
>>> a=[10,20,30,40]
>>> a[1:3] # 슬라이싱은 새로운 리스트를 반환한다.
[20,30]
```

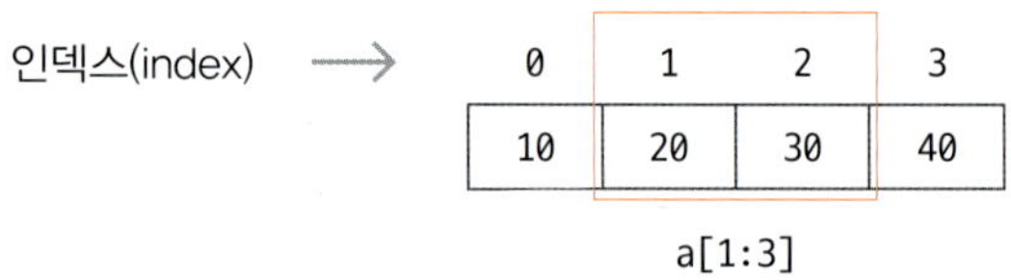

슬라이싱은 리스트 안에서 범위를 지정하여 원하는 요소들을 선택하는 연산으로 리스트명[시작:끝]와 같은 형식을 사용하고 시작 요소부터 (끝-1) 인덱스에 있는 요소까지 선택해서 반환합니다.

리스트 슬라이싱(Slicing) 사용하기

```
>>> a=[10,20,30,[40,50]]
>>> a[0:2]
[10, 20]
>>> a[1:]
[20, 30, [40, 50]]
>>> a[:2]
[10, 20]
>>> a[-1]
[40, 50]
>>> a[3]
[40, 50]
>>> a[3][0] # 이중 리스트 슬라이싱 하기
40
>>> a[3][1] # 이중 리스트 슬라이싱 하기
50
```

(3) 2차원 리스트의 기초

파이썬에서 2차원 리스트는 리스트의 리스트로 표현됩니다. 이를 통해 행과 열을 가지는 데이터를 구조화할 수 있습니다. 2차원 리스트는 행(row)과 열(column)로 이루어진 데이터 테이블처럼 사용할 수 있습니다. 여기서는 2차원 리스트의 기본 사용법과 몇 가지 유용한 예제를 살펴보겠습니다.

2차원 리스트 생성 및 접근

```
matrix = [
    [1, 2, 3],
    [4, 5, 6],
    [7, 8, 9]
]
# 첫 번째 행, 두 번째 열의 요소에 접근
element = matrix[0][1]  # 2
print(element)
```

2차원 리스트의 요소에 접근하려면, 행과 열의 인덱스를 사용합니다.

2차원 리스트의 요소 수정

```
matrix[1][2] = 10
# 결과: [[1, 2, 3], [4, 5, 10], [7, 8, 9]]
```

특정 요소를 수정할 때도 행과 열의 인덱스를 사용합니다. 2차원 리스트는 행과 열을 교환하는 작업이나 행과 열의 합계, 행과 열에서 특정 값 찾기 등 다양한 작업에 대해 2차원 리스트를 활용하면 데이터 분석과 처리에 많은 도움을 받을 수 있습니다.

(4) 리스트 값 변경하기

리스트의 값을 변경하기 위해서는 첨자(인덱스)를 사용해서 그 위치의 값을 변경하면 됩니다.

리스트 값 변경하기

```
>>> a=[10,20,30]
>>> a
[10, 20, 30]
>>> a[0]=100
>>> a
[100, 20, 30]
>>> a[1:3]=[90,100] # 연속된 범위의 값도 변경 가능하다.
>>> a
[100, 90, 100]
```

(5) 리스트 조작함수

문자열과 마찬가지로 리스트도 리스트 변수 이름 뒤에 도트(.)를 붙인 다음 함수 이름을 사용하면 됩니다. 파이썬에서 제공하는 유용한 리스트 조작함수의 사용 방법을 살펴봅시다.

리스트에 값 추가(append)

```
>>> a=[10,20]
>>> a.append(30)
>>> a
[10, 20, 30]
>>> a.append([40,50]) # 리스트에 리스트도 추가 가능
>>> a
[10, 20, 30, [40, 50]]
>>> a.insert(1,15)
>>> a
[10, 15, 20, 30, [40, 50]]
```

- .append(x): 리스트 맨 마지막에 x의 값을 추가합니다.
- .insert(index, x): 리스트의 원하는 위치에 값을 추가(삽입)할 수 있습니다. 리스트 위치(index)에 x의 값을 넣습니다.

리스트 정렬(sort)

```
>>> a=[8,6,5,2,4]
>>> a.sort() # 오름차순 정렬
>>> a
[2, 4, 5, 6, 8]
>>> a.sort(reverse=True) # 내림차순 정렬
>>> a
[8, 6, 5, 4, 2]
>>> a=['haha', 'aa', 'pupu']
>>> a.sort() # 알파벳 정렬
>>> a
['aa', 'haha', 'pupu']
>>> a=['리스트', '튜플', '딕셔너리', '세트']
>>> a.sort() # 한글 정렬
>>> a
['딕셔너리', '리스트', '세트', '튜플']
>>> a.sort(reverse=True)
>>> a
['튜플', '세트', '리스트', '딕셔너리']
```

리스트에 값 삭제(pop과 remove)

```
>>> a=[10,20,30,40]
>>> a.pop()
40
>>> a
[10, 20, 30]
>>> a.pop(1)
20
>>> a
[10, 30]
>>> a.remove(30)
>>> a
[10]
>>> a.remove(0)
Traceback (most recent call last):
  File "<pyshell#12>", line 1, in <module>
    a.remove(0)
ValueError: list.remove(x): x not in list
```

- pop(): 리스트 맨 뒤의 값을 빼내고 빼낸 항목은 삭제합니다.
- .pop(index): 리스트에서 index가 가리키는 값을 빼내고 빼낸 항목은 삭제합니다.
- remove(x): 리스트에서 x를 삭제하는 함수입니다(단, x값이 중복되면 첫 번째만 삭제합니다).

리스트에서 찾을 값의 개수 세기(count)

```
>>> a=[10,20,30,20]
>>> a.count(20)
2
>>> a=['박수지','배수지','배수지']
>>> a.count('배수지')
2
```

리스트에서 값의 위치 반환(index)

```
>>> a=[10,20,30]
>>> a.index(20)
1
>>> a.index(10)
0
>>> a.index(40)
Traceback (most recent call last):
  File "<pyshell#3>", line 1, in <module>
    a.index(40)
ValueError: 40 is not in list
```

잠깐!

점(.)의 의미

- 리스트 변수명.함수명

  파이썬은 객체지향 프로그래밍(OOP)을 지원하는 언어입니다. 객체지향 프로그래밍은 코드의 재사용성과 유지 보수성을 높이기 위해 데이터를 객체로 묶고 그 객체의 행동을 정의하는 프로그래밍 패러다임입니다. 파이썬의 객체지향 프로그래밍 개념을 이해하는 것은 이 언어를 효과적으로 사용하는 데 중요한 부분입니다.

  파이썬에서 도트(.)는 여러 중요한 역할을 하는데 주요 용도는 객체의 속성 및 메서드에 접근할 때 사용합니다. 예를 들어, object.attribute는 object라는 객체의 attribute라는 속성에 접근하거나 object.method()를 호출하는 데 사용됩니다.

표 5.3 리스트 주요 조작 함수

함수	설명	사용법
append()	리스트에 요소를 마지막 위치에 새로 추가	리스트.append(값)
insert()	리스트의 해당 위치에 요소를 새로 삽입	리스트.insert(위치, 값)
sort()	- 오름차순 정렬 - 내림차순 정렬	리스트.sort() 리스트.sort(reverse=True)
reverse()	현재의 리스트를 그대로 거꾸로 뒤집는다.	리스트.reverse()
pop()	- 리스트 제일 뒤의 항목을 빼내고 빼낸 항목은 삭제 - 제거할 위치에 있는 요소를 제거	리스트.pop() 리스트.pop(위치)
remove()	해당 요소를 찾아 삭제	리스트.remove(삭제할 값)
count()	해당 요소의 개수를 반환	리스트.count(찾을 값)
index()	리스트에 위치값이 있으면 위치값을 반환	리스트.index(값)
len()	리스트 총 요소 개수를 반환	len(리스트)

중간 점검

1. 다음 리스트에서 3번째 요소('cherry')를 출력하는 코드를 쓰시오.

```
my_list_1 = ['apple', 'banana', 'cherry', 'orange', 'grape']
```

[답] my_list_1[2]

2. 다음 리스트에서 'apple'이 몇 번 나타나는지 출력하기 위해 사용되는 함수를 쓰시오.

```
my_list_2 = ['apple', 'banana', 'cherry', 'apple']
```

[답] my_list_1.count('apple')

5.3 튜플 자료형

리스트는 프로그램 실행 중에 바뀔 수 있는 요소를 저장하는 데 알맞은 자료형이며, 튜플은 한 번 저장된 값은 수정할 수 없는 자료형으로 읽기 전용의 데이터를 저장할 때 유용하게 사용됩니다. 따라서 프로그램이 실행되는 동안 데이터가 항상 변하지 않아야 한다면 튜플을 사용하고 이와는 반대로 수시로 데이터를 변화시켜야 할 경우라면 리스트를 사용해야 합니다.

저장된 데이터를 변경, 추가, 삭제할 수도 없는 튜플을 왜 만들어 놓았을까요? 이유는 파이썬 프로그래밍에서 튜플을 사용하는 쪽이 더 유리한 경우도 있기 때문입니다. 보통 튜플은 요소가 절대 변경되지 않고 유지되어야 할 때 사용하기 때문에 튜플을 만든 상태에서 요소를 변경하게 되면 에러가 발생하게 됩니다. 따라서 요소를 실수로 변경하는 상황을 방지할 수 있습니다. 반면 요소를 자주 변경해야 할 때는 리스트를 사용하며, 보통 실무에서는 요소를 변경하는 경우가 많기 때문에 튜플보다 리스트를 더 자주 사용하는 편입니다.

(1) 튜플의 문법

() 안에 서로 다른 자료형의 값을 콤마(,)로 구분해 하나 이상 저장할 수 있는 컬렉션 자료형입니다. 0부터 시작하는 인덱스를 이용해 접근할 수 있고 한 번 저장된 요소는 변경할 수 없습니다.

튜플 문법

```
튜플명 = (값1, 값2, 값3, .....)
```

튜플 초기화

```
>>> a=()
>>> a
()
>>> a=tuple()
>>> a
()
>>> a=tuple(range(10))
>>> a
(0, 1, 2, 3, 4, 5, 6, 7, 8, 9)
>>> a=['월','화','수','목','금','토','일']
>>> a=tuple(a) # 리스트를 튜플로 자료형 변환
>>> a
('월', '화', '수', '목', '금', '토', '일')
>>> a=(1,2,3)
>>> a
(1, 2, 3)
>>> a=1,2 # 괄호 생략되면 튜플형
>>> a
```

```
(1, 2)
>>> a=(10,20,(30,40))
>>> a
(10, 20, (30, 40))
```

튜플 데이터 변경

```
>>> a=(10,20,30)
>>> a[0]=100
Traceback (most recent call last):
  File "<pyshell#13>", line 1, in <module>
    a[0]=100
TypeError: 'tuple' object does not support item assignment
>>> a.append(40)
Traceback (most recent call last):
  File "<pyshell#14>", line 1, in <module>
    a.append(40)
AttributeError: 'tuple' object has no attribute 'append'
```

튜플은 데이터를 변경할 수 없기 때문에 인덱스에 의한 변경도 불가능하고 리스트에서 사용했던 append() 함수 등 데이터를 변경하는 함수들 또한 당연히 튜플에서는 제공되지 않습니다.

(2) 튜플의 인덱싱(Indexing) 및 슬라이싱(Slicing)

튜플은 저장된 데이터를 변경시킬 수 없다는 점만 제외하면 리스트와 완전히 동일합니다.

튜플 인덱싱(Indexing)과 슬라이싱(Slicing)

```
>>> a=(10,20,30,40)
>>> a[0]
10
>>> a[-1]
40
>>> a[1:]
(20, 30, 40)
>>> a[:2]
(10, 20)
```

중간 점검

1. 다음 튜플에서 2번째 요소를 출력하려면 어떻게 해야 합니까?

```
my_tuple = (1, 2, 3)
```

[답] my_tuple[1]

2. 튜플은 한번 저장된 요소는 변경할 수 있습니다. (O/X)

[답] X

5.4 딕셔너리 자료형

파이썬에서는 연관된 값을 묶어서 저장하는 용도로 딕셔너리(Dictionary)라는 자료형을 제공합니다. 딕셔너리는 순서가 없는 컬렉션 자료형으로 각각의 요소는 key:value 형태로 저장되며, 리스트나 튜플처럼 index에 의해 해당 요소를 찾지 않고 Key를 통해 Value를 얻는 것이 가장 큰 특징입니다.

(1) 딕셔너리 문법

{} 안에 키:값 형식의 항목을 콤마(,)로 구분해 하나 이상 저장할 수 있는 컬렉션 자료형으로 딕셔너리는 키를 먼저 지정하고 :(콜론)을 붙여서 값을 표현하며, 키와 값은 1:1 대응관계를 갖습니다.

딕셔너리 구조

키(key)		값(value)
김밥	→	2000
라면	→	3000
돈가스	→	5000

딕셔너리 문법

딕셔너리 명 = {key1:value1, key2:value2, key3:value3,...}

빈 딕셔너리 생성

```
>>> a={}
>>> a
{}
>>> a=dict()
>>> a
{}
```

딕셔너리 초기화

```
>>> fruit={1:'사과',2:'딸기'}
>>> fruit
{1: '사과', 2: '딸기'}
>>> menu={'김밥':2000,'라면':3000}
>>> menu
{'김밥': 2000, '라면': 3000}
```

(2) 딕셔너리 요소에 접근하기

딕셔너리를 생성할 때는 중괄호 {}를 사용하지만, 딕셔너리 요소에 접근할 때는 리스트처럼 딕셔너리 뒤에 대괄호 []를 입력하고 내부에 인덱스 대신 키를 입력합니다. 키를 이용해 값을 읽어올 수 있으며, 요소를 추가할 때 동일키가 없으면 새로운 요소를 추가하고 동일키가 있으면 저장된 요소를 변경합니다.

딕셔너리 요소 접근

```
>>> menu={'김밥':2000,'라면':3000}
>>> menu['김밥']
2000
>>> menu['라면']
3000
>>> menu['라면']=3500
>>> menu['라면']
3500
```

```
>>> menu['어묵']=1000
>>> menu
{'김밥': 2000, '라면': 3500, '어묵': 1000}
>>> menu['떡볶이']
Traceback (most recent call last):
  File "<pyshell#13>", line 1, in <module>
    menu['떡볶이']
KeyError: '떡볶이'
```

(3) 딕셔너리 조작 함수

모든 key, value, item 반환

```
>>> menu={'김밥': 2000, '라면': 3500, '어묵': 1000}
>>> menu.keys()
dict_keys(['김밥', '라면', '어묵'])
>>> menu.values()
dict_values([2000, 3500, 1000])
>>> menu.items()
dict_items([('김밥', 2000), ('라면', 3500), ('어묵', 1000)])
```

- .keys() 함수: 딕셔너리의 키들만 모아서 반환합니다.
- .values() 함수: 딕셔너리의 값들만 모아서 반환합니다.
- .items() 함수: Key와 Value의 쌍을 튜플로 묶은 값을 반환합니다.

key로 value 얻기: get() 함수

```
>>> name={100:'황복동',200:'황채연',300:'황나연'}
>>> name[100]
'황복동'
>>> name[400]
Traceback (most recent call last):
  File "<pyshell#2>", line 1, in <module>
    name[400]
KeyError: 400
>>> name.get(100)
```

```
'황복동'
>>> name.get(400,'not Found')
'not Found'
```

• .get() 함수: 딕셔너리의 키로 값을 추출하는 기능으로 딕셔너리[키]와 같은 기능을 수행하지만, 키가 존재하지 않을 경우에는 KeyError를 발생시키지 않습니다.

딕셔너리 요소 삭제하기: del() 함수, pop() 함수

```
>>> name={100:'황복동',200:'황채연',300:'황나연'}
>>> del(name[100])
>>> name
{200: '황채연', 300: '황나연'}
>>> name.pop(200)
'황채연'
>>> name
{300: '황나연'}
```

표 5.4 딕셔너리 조작 함수

함수	설명	사용법
get()	항목 접근하기	딕셔너리.get(key)
pop()	항목 꺼내고 삭제하기	딕셔너리.pop(key)
del()	항목 삭제하기	del(딕셔너리[key])
items()	딕셔너리에 저장된 항목	딕셔너리.items()
keys()	딕셔너리에 저장된 키	딕셔너리.keys()
values()	딕셔너리에 저장된 값	딕셔너리.values()

중간 점검

1. 비어있는 딕셔너리를 생성하는 기호를 쓰시오.

[답] {}

2. 딕셔너리의 키는 중복될 수 없다. (O/X)

[답] O

5.5 세트 자료형

세트(set) 자료형은 집합에 관련된 것을 쉽게 처리하기 위해 만든 자료형으로 중복을 허용하지 않는 컬렉션 자료형입니다. 리스트나 튜플은 순서가 있기 때문에 인덱싱을 통해 자료형의 값을 얻을 수 있지만, 세트 자료형은 순서가 없기 때문에 인덱싱으로 값을 얻을 수 없습니다. 세트 자료형의 특징은 다음과 같습니다.

- 수학의 집합과 같습니다.
- 중복되지 않은 요소들로 구성됩니다.
- 세트 간의 순서가 없습니다.

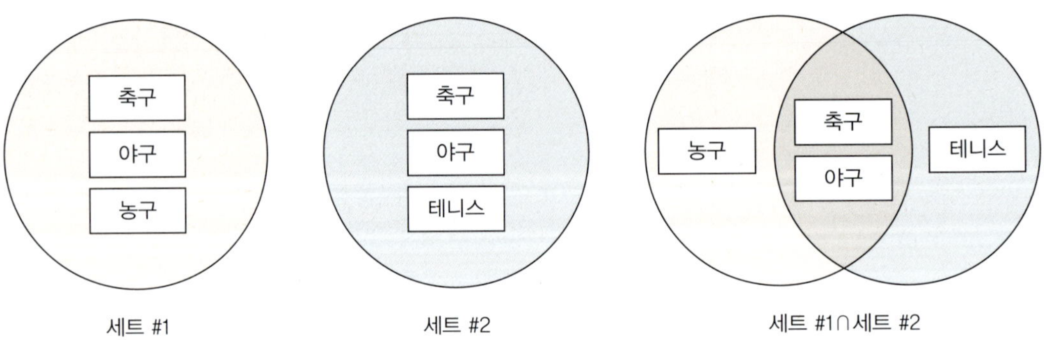

그림 5.2

(1) 세트의 문법

세트 문법

```
세트명 = set() # 비어 있는 세트 생성
```

세트 초기화

```
>>> a={10,20,30}
>>> a
{10, 20, 30}
>>> a={10,20,30,20}
>>> a
{10, 20, 30}
>>> b=set([10,20,30]) # 리스트-> 세트 자료형 변환
>>> b
{10, 20, 30}
```

(2) 세트 연산

세트 합집합, 교집합, 차집합

```
>>> A={10,20,30}
>>> B={20,40}
>>> A & B          # 교집합
{20}
>>> A.intersection(B) # 교집합
[20]
>>> A | B          # 합집합
{20, 40, 10, 30}
>>> A.union(B)       # 합집합
{20, 40, 10, 30}
>>> A  - B          # 차집합
{10, 30}
>>> A.difference(B)   # 차집합
{10, 30}
```

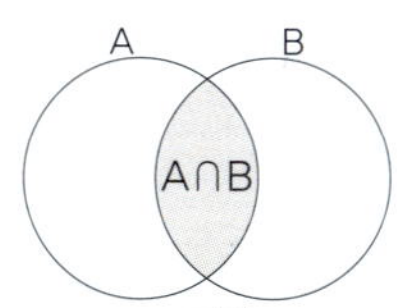

교집합

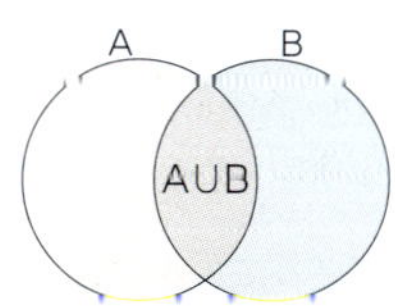

합집합

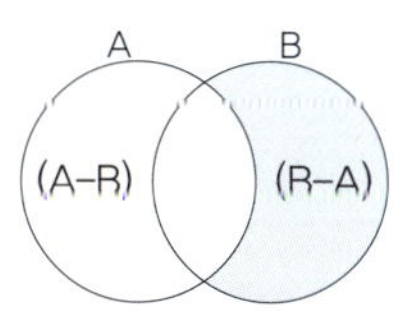

차집합

합집합은 2개의 집합을 합하는 연산입니다. 물론 중복되는 요소는 제외됩니다. 합집합은 | 연산자나 union() 메소드를 사용합니다.

교집합은 2개의 집합에서 겹치는 요소를 구하는 연산입니다. 교집합은 & 연산자나 intersection() 메소드를 사용합니다.

차집합은 하나의 집합에서 다른 집합의 요소를 빼는 것입니다. 차집합은 - 연산자나 difference() 메소드를 사용합니다.

(3) 세트 조작 함수

값 추가와 삭제

```
>>> s1={10,20,30}
>>> s1
{10, 20, 30}
>>> s1.add(40)
>>> s1
{40, 10, 20, 30}
>>> s1.update([50,60])
>>> s1
{40, 10, 50, 20, 60, 30}
>>> s1.remove(40)
>>> s1
{10, 50, 20, 60, 30}
>>> s1.clear()
>>> s1
set()
```

- .add() 함수: 1개의 값을 추가합니다.
- .update() 함수: 여러 개의 값을 추가합니다.
- .remove() 함수: 특정 값을 삭제합니다.
- .clear() 함수: 모든 항목을 삭제합니다.

중간 점검

1. 세트에서 합집합에 대한 연산자는 ( )이고 교집합에 대한 연산자는 (   )입니다.

[답] |, &

2. 세트는 중복을 허용하지 않습니다. (O/X)

[답] O

요약(SUMMARY)

5.1 컬렉션 자료형의 개념과 필요성

"컬렉션"이란? 여러 개의 값을 하나의 변수에 담을 수 있으며, 변수 안에 공간을 여러 개 가지며, 변수 안에 서로 다른 공간을 찾는 방법이 있습니다.

파이썬에서 제공하는 컬렉션 자료형의 종류는 다음과 같습니다.

컬렉션 자료형 종류	생성 방법
리스트(list)	[값1, 값2 ...]
튜플(tuple)	(값1, 값2, ...)
딕셔너리(dictionary)	{키:값, ...}
세트(set)	{값1, 값2, ...}

5.2 리스트 자료형

리스트(List)는 여러 데이터를 하나의 변수로 묶어 저장할 수 있는 자료구조로 다음과 같은 특징을 가집니다.

순서가 있는 데이터 집합

- 리스트에 저장된 데이터(요소)는 순서가 있으며, 이 순서를 이용해 접근할 수 있습니다.
- 인덱스(index)를 통해 각 요소에 접근하는데, 대부분의 언어에서 인덱스는 0부터 시작합니다.

동적 크기

- 리스트는 크기가 고정되어 있지 않고, 필요에 따라 새로운 요소를 추가하거나 삭제할 수 있습니다.
- 배열과 달리 리스트는 가변적인 크기를 가집니다.

다양한 데이터 타입

- 많은 언어에서 리스트는 동일한 자료형의 데이터를 저장하는 데 사용되지만, Python과 같은 언어에서는 서로 다른 자료형도 함께 저장할 수 있습니다. 예를 들어, 숫자와 문자열이 섞인 리스트를 만들 수 있습니다.

기본 연산

- 추가(append) : 리스트에 새로운 요소를 추가합니다.
- 삭제(remove) : 특정 요소를 리스트에서 삭제할 수 있습니다.
- 인덱싱(indexing) : 특정 위치의 요소에 접근할 수 있습니다.
- 슬라이싱(slicing) : 리스트의 일부분을 잘라낼 수 있습니다.
- 정렬(sort) : 리스트 내의 요소들을 정렬할 수 있습니다.

5.3 튜플 자료형

튜플(Tuple)은 리스트와 유사한 자료구조이지만, 몇 가지 중요한 차이점이 있습니다. 튜플은 주로 변경할 수 없는 데이터 집합을 저장할 때 사용됩니다.

5.4 딕셔너리 자료형

딕셔너리(Dictionary)는 키-값 쌍(Key-Value Pair)으로 데이터를 저장하는 자료구조입니다. 다른 자료형과는 달리 인덱스가 아닌 키(Key)를 사용하여 값을 참조하는 방식이 특징입니다.

5.5 세트 자료형

세트는 중복되지 않는 고유한 요소들의 집합을 저장하는 자료구조입니다. 수학에서의 집합과 비슷한 개념으로, 중복된 값을 허용하지 않고 요소들의 순서도 중요하지 않습니다. 세트는 주로 데이터의 중복을 제거하거나 집합 연산(교집합, 합집합, 차집합 등)을 수행할 때 유용하게 사용됩니다.

연습문제

객관식

1. 다음 중 리스트를 생성하는 기호를 고르시오.

① [ ]　　② { }

③ ( )　　④ {:}

2. 다음 항목을 딕셔너리로 구성한 코드로 알맞은 것은 무엇인가?

```
[항목] 네이버는 420, 카카오는 720, 삼성전자는 930
```

① stocks = ["네이버":420, "카카오":720, "삼성전자":930]

② stocks = [["네이버", 420], ["카카오", 720], ["삼성전자", 930]]

③ stocks = {"네이버":420, "카카오":720, "삼성전자":930}

④ stocks = {["네이버", 420], ["카카오", 720], ["삼성전자", 930]}

3. 리스트를 만들고 출력하는 방식이다. 오류가 나는 부분을 찾으시오.

```
aa = [ 10, 20, 30 ]
```

① print(aa[0])　　② print(aa[1])

③ print(aa[2])　　④ print(aa[3])

4. 다음 중 키(key)와 값(value)의 쌍으로 이루어져 있는 자료형은 무엇인가?

① 튜플(tuple) ② 리스트(list)
③ 세트(set) ④ 딕셔너리(dictionary)

5. 세트 A, B가 있을 때 연산에 대한 설명으로 틀린 것은 무엇인가?

① A & B와 B & A는 같다. ② A | B와 B | A는 같다.
③ A - B와 B - A는 같다. ④ 답이 없음

6. 다음 코드의 실행결과는 무엇인가?

```
num=(10, 20, 30, 40, 50)
print(num[ :3])
```

① (10, 20, 30) ② [10, 20, 30]
③ (10, 20) ④ 오류 발생

O/X형

7. 딕셔너리는 순서가 없는 컬렉션 자료형으로 중복된 key는 가질 수 없다. (O/X)

8. 리스트에서 각 원소는 index로 접근한다. (O/X)

단답형

9. 다음 코드의 실행결과를 쓰시오.

```
stu=['나행복',['독서','게임'],'행복대학교']
len(stu)
```

10. 다음은 딕셔너리 조작함수에 대한 코드이다. 실행 결과가 나오도록 밑줄 안에 가장 알맞은 함수를 쓰시오.

```
>>> name={100:'제니',200:'리사',300:'지수',400:'로제'}
>>> name.__________(100)
'제니'
```

실습문제

1. 다음 파이썬 코드의 괄호 안 결과를 예측해 보시오.

```
>>> color=['red','yellow']
>>> color.append('green')
>>> color
(                              )
>>> color.pop()
(                              )
>>> color.insert(1,'orange')
>>> color
(                              )
>>> color.index('orange')
(                              )
>>> len(color)
(                              )
```

2. 다음 파이썬 코드의 괄호 안 결과를 예측해 보시오.

```
>>> score=list(range(1,6))
>>> score
[1, 2, 3, 4, 5]
>>> score[2]
(                              )
>>> score[:3]
(                              )
>>> score[-1]
(                              )
>>> score[2:4]
(                              )
>>> score[3:]
(                              )
```

3. 다음 파이썬 코드의 괄호 안 결과를 예측해 보시오.

```
>>> A={1,2,3}
>>> B={3,4,5,5}
>>> A | B
(                              )
>>> A & B
(                              )
>>> A- B
(                              )
```

[도전문제]

1. 다음 파이썬 코드의 실행 결과가 나오도록 괄호 안을 채우시오.

```
>>> spot=['경리단길','가로수길','홍대','대학로']
>>> select=(          )
```

실행결과

```
>>> select
['홍대', '대학로']
```

2. 파이썬 코드를 실행한 결과가 나오게 하기 위해 밑줄 안에 들어갈 명령문을 작성해 보시오.

```
>>> stu1={'Yang','Jang','Oh','Kim'}
>>> stu2={'Hwang','Jang','Kim','Park'}
>>> stu1 __________ stu2
```

실행결과

```
>>>
{'Kim', 'Jang'}
```

3. 아래와 같은 실행결과가 나오도록 밑줄에 적절한 함수를 채우시오.

```
>>> people={100:'yang',200:'jang',300:'o'}
>>> list(people.______________________)
[100, 200, 300]
>>> list(people.______________________)
['yang', 'jang', 'o']
>>> list(people.______________________)
[(100, 'yang'), (200, 'jang'), (300, 'o')]
>>> people.______________________(200)
'jang'
>>>______________________(people[100])
>>> people
{200: 'jang', 300: 'o'}
```

4. 아래 문제를 1번부터 7번까지 차례대로 수행하고 단계별 출력결과를 보고 밑줄 안에 알맞은 답을 예측하시오.

문제

1. 학생이 3명(홍일동, 홍이동, 홍삼동)인 과에 홍사동이 편입을 했다. "홍사동"을 리스트에 추가해 보시오.
2. 위 리스트에 동명이인 홍이동이 새로 편입을 했다고 가정하고 요소 "홍이동" 뒤에 "홍이동"을 추가해 보시오.
3. "홍이동"이 몇 명인지 출력하시오.
4. 현재 출석부를 역순으로 출력하시오.
5. "홍일동"이 다른 과로 전과를 하였습니다. "홍일동"을 찾아 삭제하시오.
6. 현재 출석부를 내림차순으로 정렬하시오.
7. 현재 남아 있는 학생의 인원수를 구하시오.

```
name=['홍일동','홍이동','홍삼동']

print(name)

#1)
______________________________
print(1,name)

#2)
______________________________
print(2,name)

#3)
______________________________

#4)
______________________________
print(4,name)

#5)
______________________________
print(5,name)
```

```
#6)
________________________
print(6,name)

#7)
________________________
```

실행결과

```
['홍일동', '홍이동', '홍삼동']
1 ['홍일동', '홍이동', '홍삼동', '홍사동']
2 ['홍일동', '홍이동', '홍이동', '홍삼동', '홍사동']
3 2
4 ['홍사동', '홍삼동', '홍이동', '홍이동', '홍일동']
5 ['홍사동', '홍삼동', '홍이동', '홍이동']
6 ['홍이동', '홍이동', '홍삼동', '홍사동']
7 4
```

5. 채팅 어플에서 친구를 등록하고 친구를 이름으로 검색한 후 연락처를 출력하는 프로그램을 작성하시오. 실행결과를 참고하여 문제를 해결하시오.

조건
1. 딕셔너리 자료구조를 사용하여 친구의 이름과 연락처를 저장합니다(임의대로).
2. 딕셔너리에서 전체 친구의 이름만 검색하여 리스트로 변환한 후 출력합니다.
3. 찾는 친구가 있으면 연락처를 출력하고 없으면 에러 메시지를 출력합니다.
4. 찾는 친구의 이름은 사용자로부터 입력 받아 처리합니다(변수명은 적절하게 사용하시오).

```
addr={}

addr['최재원']='010-1111-1234'
addr['최지윤']='010-2222-1234'
addr['김연수']='010-3333-1234'
addr['김연우']='010-4444-1234'
addr['김가현']='010-5555-1234'
addr['김혜현']='010-6666-1234'


print(addr)
print()
```

실행결과

```
['최재원', '최지윤', '김연수', '김연우', '김가현', '김혜현']
search name : 김연수
010-3333-1234
```

실행결과

```
['최재원', '최지윤', '김연수', '김연우', '김가현', '김혜현']
search name : 최재운
not Found
```

6. 동아리 A, B에 다음과 같이 학생들이 가입되어 있습니다. 실행결과를 참고하여 문제를 해결하시오.

```
clubA={'kim', 'park', 'hwang'}
clubB={'park', 'lee', 'choi'}
```

문제

1. 동아리에 가입한 학생들의 모든 명단을 ClubC에 저장한 후에 출력합니다.
2. A, B 동아리에 둘 다 가입한 학생의 명단을 출력하시오.
3. A 동아리에서 B 동아리에 가입한 학생들의 명단을 제외하고 출력하시오.
4. B 동아리에서 A 동아리에 가입한 학생들의 명단을 제외하고 출력하시오.
5. A 동아리에 새로 가입한 'yang' 회원을 추가하고 출력하시오.
6. B 동아리에서 탈퇴한 'lee' 회원을 삭제하고 출력하시오.
7. A, B 동아리 회원들을 각각 출력하시오.
8. 현재 남아 있는 A, B 동아리 회원들의 수를 각각 출력하시오.

조건 - 세트 자료구조를 사용합니다.

실행결과

```
1 {'choi', 'hwang', 'park', 'lee', 'kim'}
2 {'park'}
3 {'hwang', 'kim'}
4 {'choi', 'lee'}
5 {'yang', 'hwang', 'kim', 'park'}
6 {'choi', 'park'}
7 clubA : {'yang', 'hwang', 'kim', 'park'}
7 clubB : {'choi', 'park'}
8 clubA 전체 인원수 4
8 clubB 전체 인원수 2
```

Chapter 06

파이썬 선택문

학습목표

★ 파이썬 선택문에 대하여 이해할 수 있습니다.

★ 파이썬 선택문의 조건식을 이해하고 조건식을 표현할 수 있습니다.

★ 파이썬 선택문의 다양한 형태를 이해하고 규칙에 맞게 선택문을 작성할 수 있습니다.

★ 파이썬 중첩 선택문을 이해하고 활용할 수 있습니다.

CHAPTER

06 파이썬 선택문

파이썬 문장은 제어문을 만나기 전에는 위에서 아래로 순차적으로 실행됩니다. 제어문은 조건식에 만족하는 동안 특정 구간을 한번 또는 여러 번 반복하여 실행하도록 제어하는 문장입니다.

파이썬의 제어문은 선택문과 반복문으로 나뉘는데, 선택문은 조건식을 만족하면 한 번 실행하고, 만족하지 않으면 해당 구간을 건너뛰게 됩니다. 즉, 파이썬의 선택문은 if 문을 이용하여 조건식의 결과가 True인지, False인지에 따라 코드를 실행하거나 실행하지 않는 선택적 구조입니다.

6장에서는 파이썬 선택문을 표현하기 위한 조건식에 대하여 학습하고 선택문의 다양한 형태를 학습합니다. 먼저 파이썬 선택문의 종류와 규칙에 대하여 살펴봅니다.

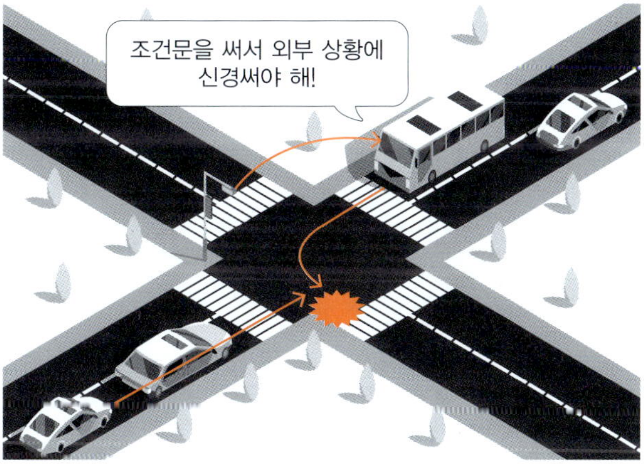

6.1 파이썬 선택문 개요

파이썬 선택문의 형태에는 if, if~else, if~elif, if~elif~else, if~in~else 등이 있습니다. 파이썬 선택문의 규칙은 다음과 같습니다.

파이썬 선택문의 규칙

1. if 문의 조건식들은 논리 연산이 가능한 문장으로 True·False 판별이 가능하도록 작성해야 합니다.
2. if 문의 조건식 끝에는 항상 :(콜론)이 있어야 합니다.
3. 실행 코드는 반드시 공백(스페이스바 또는 Tab)으로 들여쓰기(indent)하여 if 문에 포함되는 (종속) 코드로 작성해야 합니다.

중간 점검

1. 파이썬에서 조건식을 이용하여 특정 구문을 한 번 실행하는 제어 구조를 (　)라고 합니다.

[답] 선택문

2. if 문의 조건식 끝에는 반드시 (　)이 있어야 합니다.

[답] 콜론(:)

6.2 조건식

선택문을 표현하기 위해, 필요한 조건식은 관계연산자와 논리연산자를 이용하여 표현하는데, 조건식을 만족하면 True, 만족하지 않으면 False의 결괏값을 가지게 됩니다. 조건식의 예는 다음과 같습니다.

조건식	설명
total >= 100	total 변수에 저장된 자료가 100 이상이면 만족하는 조건식
mid+final < 120	mid 변수와 final 변수를 더한 값이 120 미만이면 만족하는 조건식
6 <= age < 60	age 변수에 저장된 자료가 6 이상, 60세 미만이면 만족하는 조건식
num % 3 == 0	num 변수에 저장된 자료를 3으로 나눈 나머지가 0이면 만족하는 조건식
first != second	first 변수와 second 변수에 저장된 자료가 다르면 만족하는 조건식
kor>=90 and eng>=90	kor 변수에 저장된 자료가 90 이상이고 eng 변수에 저장된 자료가 90 이상이면 만족하는 조건식

weather=='봄' or weather=='가을'	weather 변수에 저장된 자료가 '봄'이거나 weather 변수에 저장된 자료가 '가을'이면 만족하는 조건식
not(sign==0)	sign 변수에 저장된 자료가 0이 아니면 만족하는 조건식

중간 점검

1. total >= 100과 같은 조건식이 True일 경우, 조건식의 결과는 (   )입니다.

[답] True

2. and 연산자는 두 조건이 모두 True일 때 True를 반환합니다. (O/X)

[답] O

6.3 if / if~else

파이썬 선택문의 가장 기본적인 if / if~else 문의 구조를 살펴보면 다음과 같습니다.

기본 문법	순서도
if 조건식: (공백) 명령문 1 ⋮ if 문 다음 명령문	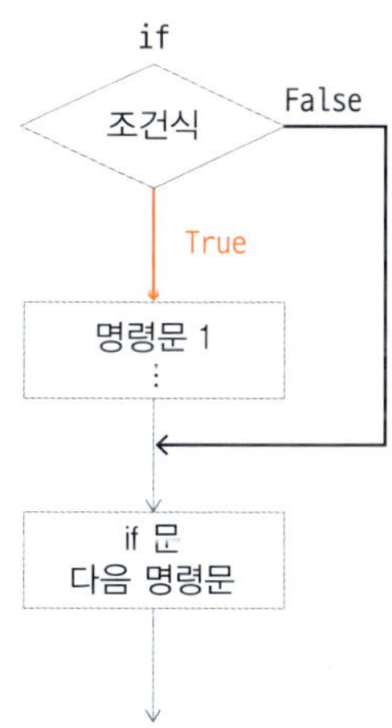

설명 if 문의 조건식 결과가 True라면 명령문 1, … 을 실행하고, 조건식의 결과가 False라면 명령문 1, … 을 건너뛰고 if 문 다음의 명령문을 실행합니다.

기본 문법	순서도

if 조건식:
(공백) 명령문 1
⋮
else:
(공백) 명령문 2
⋮
if 문 다음 명령문
	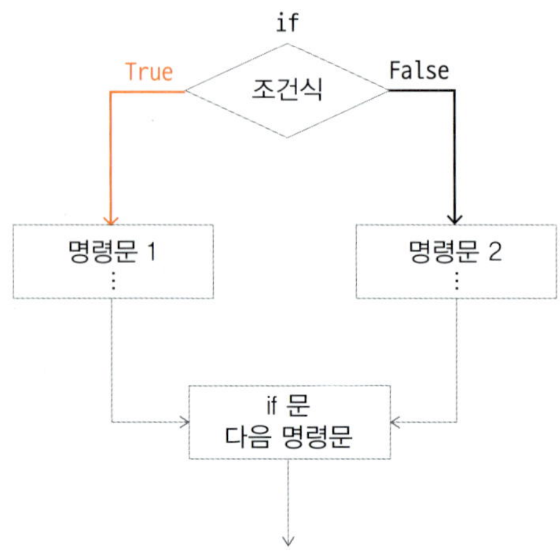

설명 if 문의 조건식 결과가 True라면 명령문 1, … 을 실행하고 if 문 다음 명령문을 실행합니다.
if 문의 조건식 결과가 False라면 명령문 2, … 을 실행하고 if 문 다음 명령문을 실행합니다.

예제 6.1을 실행하여 'y'를 입력하면 if 문의 member=='y' 조건식을 만족하기 때문에 '어서 오십시오.' 라는 문장을 출력하고, 그 외의 다른 값을 입력하면 member=='y' 조건식을 만족하지 않기 때문에 아무것도 실행되지 않습니다.

예제 6.1 회원이면 '어서 오십시오.' 인사말 출력

```
member = input('회원이십니까?(y/n) ')
if member == 'y':
    print('어서 오십시오.')
```

실행결과

```
    회원이십니까?(y/n) y
    어서 오십시오.
>>>
    회원이십니까?(y/n) n
>>>
```

예제 6.2는 if 문의 member=='y' 조건식을 만족하면 '어서 오십시오.'라는 문장을 출력하고, 조건식을 만족하지 않으면 else 문의 '회원가입을 해주세요.'라는 문장을 출력하는 if~else 문의 기본 예제입니다.

예제 6.2 회원이면 '어서 오십시오.'를, 아니면 회원가입 안내말 출력

```
member = input('회원이십니까?(y/n) ')
if member == 'y':
    print('어서 오십시오.')
else:
    print('회원가입을 해주세요.')
```

실행결과

```
    회원이십니까?(y/n) y
    어서 오십시오.
>>>
    회원이십니까?(y/n) n
    회원가입을 해주세요.
>>>
```

중간 점검

1. if 문의 조건식이 False일 경우, else 구문이 실행됩니다. (O/X)

[답] O

2. 다음 코드는 어떤 결과를 출력하는가?

```
if 10 > 5:
    print("크다")
else:
    print("작다")
```

[답] 크다

6.4 if~elif / if~elif~else

여러 조건식에 따라 다양한 처리를 수행하기 위한 파이썬 선택문의 if~elif / if~elif~else 문을 살펴보면 다음과 같습니다.

기본 문법	순서도

if 조건식 1:
(공백) 명령문 1
⋮
elif 조건식 2:
(공백) 명령문 2
⋮
if 문 다음 명령문
	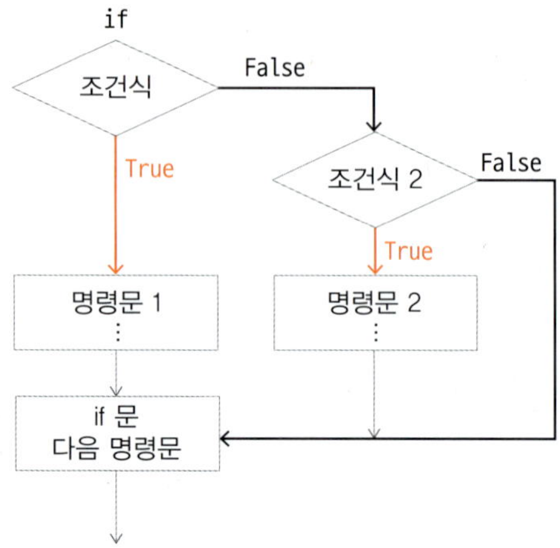

설명 if 문의 조건식 1의 결과가 True라면 명령문 1, … 을 실행하고, False라면 조건식 2를 확인하여 결과가 True라면 명령문 2, … 을 실행하고, False라면 건너뛰고 if 문 다음 명령문을 실행합니다.

기본 문법	순서도

if 조건식 1:
(공백) 명령문 1
⋮
elif 조건식 2:
(공백) 명령문 2
⋮
else:
(공백) 명령문 3
⋮
if 문 다음 명령문
	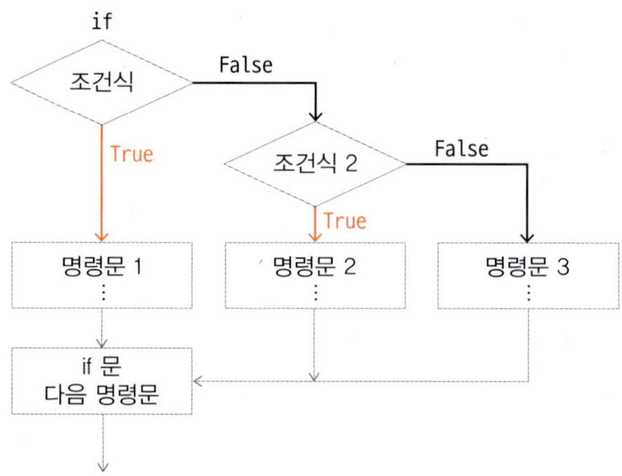

설명 if 문의 조건식 1 결과가 True라면 명령문 1, … 을 실행하고, False라면 조건식 2를 확인하여 결과가 True라면 명령문 2, … 을 실행하고, False라면 명령문 3, … 을 실행한 뒤, if 문 다음 명령문을 실행합니다.

예제 6.3은 if 문의 1<=age<6 조건식을 만족하면 '입장료는 무료' 문장을 출력하고, 조건식을 만족하지 않으면 elif 문의 6<=age<60 조건식을 확인하여 만족하면 '입장료는 20000원' 문장을 출력합니다. 또한, 조건식을 만족하지 않으면 그 다음 elif 문의 age >= 60 조건식을 확인하여 만족하면 '입장료는 10000.0원' 문장을 출력하고, 조건식을 만족하지 않으면 종료하는 if~elif 문의 기본 예제입니다.

예제 6.3 입력받은 나이에 따라 놀이동산 입장료를 출력합니다.

- 입장료 정가: 2만 원, 1세~6세 미만: 무료, 6세~60세 미만: 정가, 60세 이상: 정가의 50%

```
age = int(input('나이 입력: '))
price = 20000
if 1 <= age < 6 :
    print('입장료는 무료')
elif 6 <= age < 60 :
    print(f'입장료는 {price}원')
elif age >= 60 :
    print(f'입장료는 {price*0.5}원')
```

실행결과

```
    나이 입력: 38
    입장료는 20000원
>>>
    나이 입력: 5
    입장료는 무료
>>>
    나이 입력: 0
>>>
```

예제 6.3과 같이 실행하면 0 이하의 나이를 입력할 때 if 문, elif 문 중에 맞는 조건식이 없으므로 아무것도 실행되지 않고 종료됩니다. 모든 조건식을 만족하지 않을 때의 처리를 위해서는 다음 예제 6.4와 같이 else 문을 이용하면 안정적으로 실행됩니다.

예제 6.4 입력받은 나이에 따라 놀이동산 입장료를 출력합니다.

- 입장료 정가: 2만 원, 1~6세 미만: 무료, 6~60세 미만: 정가, 60세 이상: 정가의 50%
- 이외의 나이를 입력할 때 오류 메시지 출력

```
age = int(input('나이 입력: '))
price = 20000
if 1 <= age < 6 :
    print('입장료는 무료')
elif 6 <= age < 60 :
    print(f'입장료는 {price}원')
elif age >= 60 :
    print(f'입장료는 {price*0.5}원')
else :
    print('1살 이상의 나이를 입력해 주세요.')
```

실행결과

```
    나이 입력: 25
    입장료는 20000원
>>>
    나이 입력: 67
    입장료는 10000.0원
>>>
    나이 입력: 0
    1살 이상의 나이를 입력해 주세요.
>>>
```

중간 점검

1. if~elif~else 문에서 조건식이 True인 경우, 나머지 elif와 else 블록은 실행되지 않습니다. (O/X)

[답] O

2. if와 elif에 동일한 조건식을 작성하면 항상 if 문이 우선 실행됩니다.

[답] O

6.5 if~in~elif / if~in~elif~else

파이썬 선택문은 논리연산자와 관계연산자를 이용한 조건식 외에도 in 연산자를 이용하여 조건식을 표현할 수 있습니다. in 연산자를 이용한 파이썬 선택문의 if~in~elif / if~in~elif~else 문을 살펴보면 다음과 같습니다.

기본 문법	순서도

if '값1' in '항목1':
(공백) 명령문 1
⋮
elif '값2' in '항목2':
(공백) 명령문 2
⋮
if 문 다음 명령문
	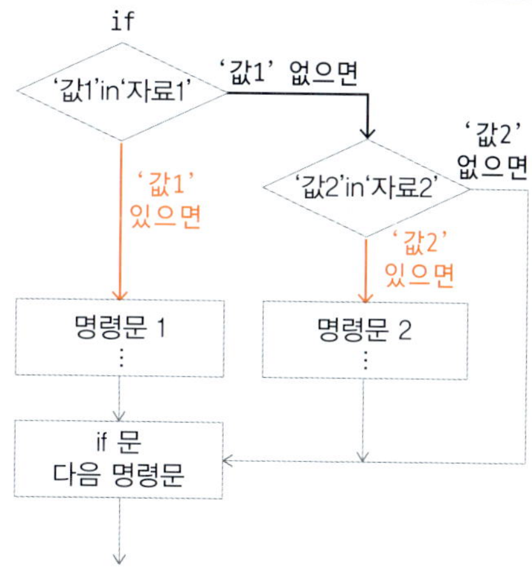

설명 if 문의 '값1' in '항목1' 조건식에 따라 '항목1'에 '값1'이 있으면 결과가 True가 되어 명령문 1, … 을 실행하고, '값1'이 없으면 결과가 False가 되어 두 번째 조건식 '값2' in '항목2'를 확인하여 '항목2'에 '값2'가 있으면 결과가 True가 되어 명령문 2, … 을 실행하고, '값2'가 없으면 건너뛰고 if 문 다음 명령문을 실행합니다.

기본 문법	순서도

if '값1' in '항목1':
(공백) 명령문 1
⋮
elif '값2' in '항목2':
(공백) 명령문 2
⋮
else:
(공백) 명령문 3
⋮
if 문 다음 명령문
	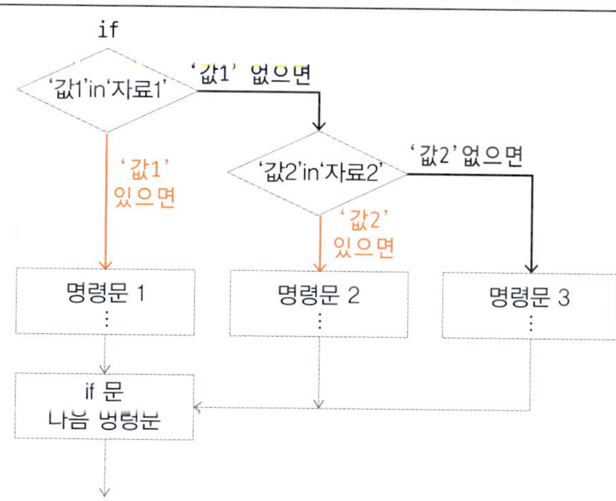

설명 if 문의 '값1' in '항목1' 조건식에 따라 '항목1'에 '값1'이 있으면 결과가 True가 되어 명령문 1, … 을 실행하고, '값1'이 없으면 결과가 False가 되어 두 번째 조건식 '값2' in '항목2'를 확인하여 '항목2'에 '값2'가 있으면 결과가 True가 되어 명령문 2, … 을 실행하고, '값2'가 없으면 명령문 3, … 을 실행한 뒤, if 문 다음 명령문을 실행합니다.

예제 6.5는 if 문의 조건식에 따라 pocket 리스트에 입력받은 item 변수의 값이 있고 item 변수의 값이 '현금'이라는 조건식을 만족하면 '택시를 타세요.' 문장을 출력하고, 조건식을 만족하지 않으면 elif 문의 pocket 리스트에 입력받은 item 변수의 값이 있고 item 변수의 값이 '교통카드'라는 조건식을 확인하여 만족하면 '버스를 타세요.' 문장을 출력하고, 조건식을 만족하지 않으면 종료하는 if~in~elif 문의 기본 예제입니다.

예제 6.5　입력받은 결재수단에 따라 교통수단 출력

```python
pocket = ['스마트폰', '교통카드', '현금']
item = input('결재수단 입력: ')
price = 20000
if item in pocket and item == '현금':
    print('택시를 타세요.')
elif item in pocket and item == '교통카드':
    print('버스를 타세요.')
```

실행결과

```
    결재수단 입력: 현금
    택시를 타세요.
>>>
    결재수단 입력: 교통카드
    버스를 타세요.
>>>
    결재수단 입력: 빈지갑
>>>
```

예제 6.5와 같이 실행하면 pocket 리스트에 없는 값을 입력할 때 if 문, elif 문 중에 맞는 조건식이 없으므로 아무것도 실행되지 않고 종료됩니다. 모든 조건식에 만족하지 않을 때의 처리를 위해서는 다음 예제 6.6과 같이 else 문을 이용하면 안정적으로 실행됩니다.

예제 6.6　입력받은 결재수단에 따라 교통수단을 출력
단, pocket 리스트에 없는 값을 입력할 때 오류 메시지를 출력합니다.

```python
pocket = ['스마트폰', '교통카드', '현금']
item = input('결재수단 입력: ')
price = 20000
if item in pocket and item == '현금':
    print('택시를 타세요.')
elif item in pocket and item == '교통카드':
    print('버스를 타세요.')
else:
    print('걸어가세요.')
```

실행결과

```
        결재수단 입력: 현금
        택시를 타세요.
>>>
        결재수단 입력: 교통카드
        버스를 타세요.
>>>
        결재수단 입력: 빈지갑
        걸어가세요.
>>>
```

중간 점검

1. if '값' in '리스트'는 리스트에 '값'이 포함되어 있을 때 True를 반환합니다. (O/X)

[답] O

2. in 연산자는 문자열, 리스트, 튜플 등에서 사용 가능합니다. (O/X)

[답] O

6.6 중첩 선택문

복잡한 문제의 조건을 표현할 때는 문제의 조건을 분해한 후 파이썬 제어문의 구조를 심화하여 표현할 수 있습니다. 파이썬은 제어문 구조를 심화하여 표현하는 방법으로 중첩 제어문이 있는데 파이썬 선택문에서는 if 문 안에 또 다른 if 문을 중첩하여 표현하는 중첩 선택문이 있습니다. 다음은 if 문의 조건식이 True인 경우 또 다른 if 문이 연속하여 있는 경우입니다.

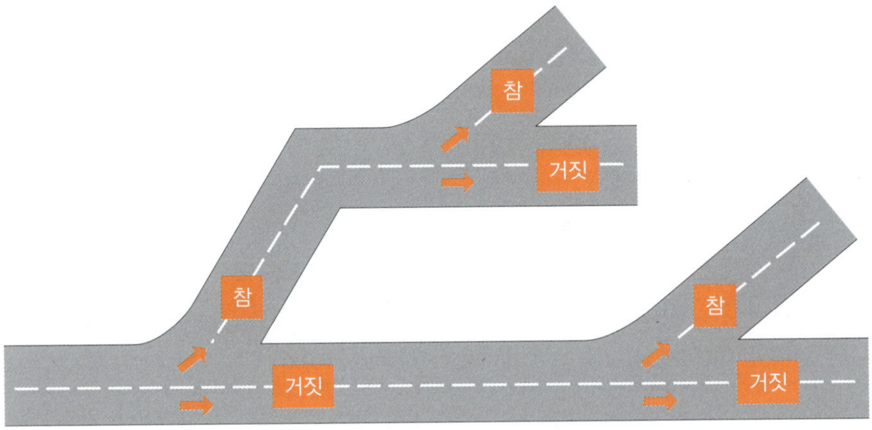

기본 문법	순서도

if 조건식 1:
(공백) if 조건식 2:
(공백) (공백) 명령문 1
⋮
(공백) else:
(공백) (공백) 명령문 3
⋮
else:
(공백) 명령문 5
⋮
if 문 다음 명령문
	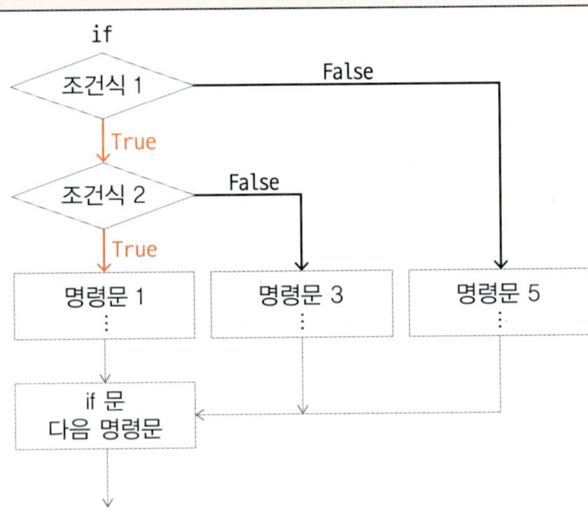

다음은 if 문의 조건식이 거짓일 때 else 문 안에 또 다른 if 문이 있는 경우입니다.

기본 문법	순서도

if 조건식 1:
(공백) 명령문 1
⋮
else:
(공백) if 조건식 2:
(공백) (공백) 명령문 3
⋮
(공백) else:
(공백) (공백) 명령문 5
⋮
if 문 다음 명령문
	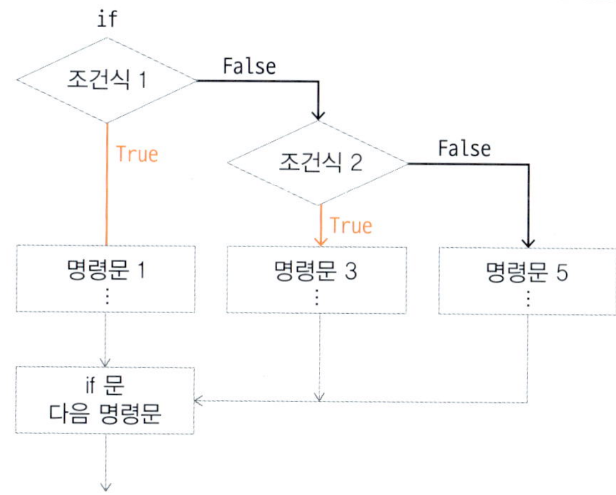

예제 6.7은 if 문의 조건식이 True인 경우와 False일 때 각각의 또 다른 내부의 if 문이 중첩하여 있는 중첩 선택문의 예제입니다. '가위'를 입력했다면 처음 외부 if 문의 조건식에 만족하여 내부 if~elif 문의 조건식에서 컴퓨터가 임의로 생성한 값이 '가위'인지, '바위'인지, '보'인지를 확인 후 가위 · 바위 · 보 대결 결과를 result 변수에 저장합니다.

'바위'를 입력했다면 두 번째 외부 elif 문의 조건식에 만족하여 내부 if~elif 문의 조건식에서 컴퓨터가 임의로 생성한 값이 '가위'인지, '바위'인지, '보'인지를 확인 후 가위 · 바위 · 보 대결 결과를 result 변수에 저장합니다.

'보'를 입력했다면 마지막 외부 elif 문의 조건식에 만족하여 내부 if~elif 문의 조건식에서 컴퓨터가 임의로 생성한 값이 '가위'인지, '바위'인지, '보'인지를 확인 후 가위 · 바위 · 보 대결 결과를 result 변수에 저장합니다. 이후 if~in~else 문을 이용하여 대결 결과를 출력합니다.

여기서 import random은 random에 관련된 파이썬 내장 함수들을 사용하기 위한 문장입니다. 이후 random.choice(rps)라는 문장을 통하여 rps 리스트 중에서 하나의 값을 임의로 선택하여 생성할 수 있게 됩니다.

예제 6.7 가위, 바위, 보 중에 하나를 입력받아 컴퓨터가 임의로 생성한 가위, 바위, 보와의 대결 결과를 출력

```python
import random
rps = ['가위','바위','보']
com = random.choice(rps)
player = input('가위, 바위, 보 중에서 하나 입력: ')
if player == '가위' :
    if com == '가위':
        result = '비김'
    elif com == '바위':
        result = '졌음'
    elif com == '보':
        result = '이김'
elif player == '바위' :
    if com == '가위':
        result = '이김'
    elif com == '바위':
        result = '비김'
    elif com == '보':
        result = '졌음'
elif player == '보' :
    if com == '가위':
        result = '졌음'
    elif com == '바위':
        result = '이김'
    elif com == '보':
        result = '비김'

if player in rps:
    print(f'나:{player}, 컴퓨터:{com} ⇒ {result}')
else:
    print('잘못 입력하셨습니다. 다시 입력하세요.')
```

실행결과

```
    가위, 바위, 보 중에서 하나 입력: 가위
    나:가위, 컴퓨터:바위 ⇒ 졌음
>>>
    가위, 바위, 보 중에서 하나 입력: 바위
    나:가위, 컴퓨터:바위 ⇒ 비김
>>>
```

중간 점검

1. if 문 안에 또 다른 if 문을 사용할 수 있습니다. (O/X)

[답] O

2. 다음 코드의 출력 결과는 무엇인가?

```
age = 20
if age > 10:
   if age < 30:
      print("청년")
   else:
      print("어른")
```

[답] 청년

요약(SUMMARY)

6.1 파이썬 선택문 개요

파이썬 선택문은 조건에 따라 특정 코드를 실행하거나 건너뛰는 구조를 가지고 있습니다. 주요 형태로는 if, if~else, if~elif~else 등이 있으며, 조건식의 결과가 True이면 해당 블록의 코드가 실행됩니다. 조건식의 끝에는 항상 콜론(:)이 붙어야 하며, 들여쓰기를 통해 코드 블록을 구분해야 합니다.

6.2 조건식

선택문의 조건식은 관계연산자(>, <, == 등)와 논리연산자(and, or, not)를 사용하여 표현합니다. 조건식이 참(True)이면 해당 블록의 코드가 실행되고, 거짓(False)이면 실행되지 않습니다.

6.3 if / if~else

if 문은 가장 기본적인 선택문 구조로 조건식이 True일 때만 블록 내의 코드를 실행합니다. if~else 구조에서는 조건식이 False일 경우 else 블록의 코드가 실행됩니다.

6.4 if~elif / if~elif~else

여러 조건을 확인해야 할 때, elif를 사용해 추가 조건을 지정할 수 있습니다. 첫 번째 조건이 False일 때 elif 조건을 확인하며, 모든 조건이 False일 경우 마지막 else 블록이 실행됩니다.

6.5 if~in~elif / if~in~elif~else

in 연산자를 사용하여 값이 리스트나 문자열에 포함되어 있는지 확인하는 조건문입니다. 여러 값을 비교할 때 편리하게 사용할 수 있습니다.

6.6 중첩 선택문

선택문 안에 또 다른 선택문을 넣어 사용하는 구조로 복잡한 조건을 처리할 때 사용합니다. 중첩 선택문에서는 조건에 따라 여러 단계의 분기 처리가 가능합니다.

연습문제

객관식

1. 다음 중 elif를 올바르게 사용한 코드는?

   ① elif x 〉 10:　　② elif: x 〉 10

   ③ if x 〉 10:　　④ else if x 〉 10:

O/X형

2. if 문에서 조건식이 참(True)일 때만 해당 블록의 코드가 실행된다. (O/X)

3. in 연산자는 리스트나 문자열에 값이 포함되어 있는지 확인할 때 사용한다. (O/X)

4. and 연산자는 두 조건이 모두 참일 때만 참(True)을 반환한다. (O/X)

5. if~elif~else 구조에서 첫 번째 조건이 True이면 나머지 조건들은 확인되지 않고 건너뛴다. (O/X)

단답형

6. 파이썬에서 조건식의 끝에는 항상 (　)을/를 붙여야 한다.

7. if 문 안에 또 다른 if 문을 포함하는 구조를 (　) 선택문이라고 한다

8. 다음 코드의 출력 결과는 무엇인가?

```
x = 5
if x > 10:
    print("크다")
elif x > 0:
    print("작다")
else:
    print("같다")
```

9. if 'a' in 'apple':라는 조건식은 ( ) 값을 반환한다.

10. 다음 코드에서 else 블록은 언제 실행되는가?

```
age = 25
if age < 18:
    print("미성년자")
else:
    print("성인")
```

실습문제

1. 연도를 입력받아 윤년인지 아닌지의 결과를 출력하시오.

```
year = int(input('연도 입력: '))
if year % 4 == 0 and year % 100 != 0 or year % 400 == 0 :
    print(f'{year}년은 윤년')
else:
    print(f'{year}년은 윤년 아님')
```

실행결과

```
    연도 입력: 2024
    2024년은 윤년
>>>
    연도 입력: 2025
    2025년은 윤년 아님
>>>
```

2. 월을 입력받아 계절을 출력하시오.

- 3~5월은 봄, 6~8월은 여름, 9~11월은 가을, 12~2월은 겨울

```
month = int(input('월 입력: '))
if month < 1 or month > 12 :
    print('존재하지 않는 월!!')
elif 3 <= month <= 5 :
    season = '봄'
elif 6 <= month <= 8 :
    season = '여름'
elif 9 <= month <= 11 :
    season = '가을'
else :
    season = '겨울'
print(f'{month}월은 {season}')
```

실행결과

```
    월 입력: 10
    10월은 가을
>>>
    월 입력: 3
    3월은 봄
>>>
```

3. 키와 몸무게를 입력받아 BMI 지수를 계산한 후 비만 상태를 출력하시오.

– BMI 지수 18 미만: 저체중, 18~23 미만: 정상, 23~25 미만: 과체중, 25 이상: 비만

```python
h = int(input('키 입력: '))
w = int(input('몸무게 입력: '))
bmi = w / ((h/100) * (h/100))

if bmi < 18:
    result = '저체중'
elif 18 <= bmi < 23:
    result = '정상'
elif 23 <= bmi < 25:
    result = '과체중'
else:
    result = '비만'

print('BMI: {bmi:.2f}, {result}')
```

실행결과

```
    키 입력: 186
    몸무게 입력: 72
    BMI: 20.81, 정상
>>>
    키 입력: 162
    몸무게 입력: 79
    BMI: 30.10, 비만
>>>
```

4. 연도와 월을 입력받아 해당 연도 월의 일수를 출력하시오.

```
day31 = [1,3,5,7,8,10,12]
day30 = [4,6,9,11]
year = int(input('연도 입력: '))
month = int(input('월 입력: '))
if month < 1 or month > 12 :
   print('존재하지 않는 월!!')
elif month in day31 :
   result = 31
elif month in day30 :
   result = 30
elif year % 4 == 0 and year % 100 != 0 or year % 400 == 0 :
   result = 29
else :
   result = 28

print(f'{year}년 {month}월은 {result}까지')
```

실행결과

```
    연도 입력: 2024
    월 입력: 4
    2024년 2월은 29일까지
>>>
    연도 입력: 2025
    월 입력: 4
    2025년 4월은 30일까지
>>>
    연도 입력: 2026
    월 입력: 10
    2026년 10월은 31일까지
>>>
```

5. 얼리버드 항공권 할인율을 조회하여 출력하는 파이썬 코드의 실행 결과를 작성하시오.

```
remain_period = int(input('몇개월 후의 여행을 계획중인가요?(3개월 이상) '))
country = input('여행할 지역을 입력하세요(아시아,유럽,미주): ')
if 3 <= remain_period < 6 :
    if country == '아시아' :
        result = 8
    elif country == '유럽' :
        result = 9
    elif country == '미주' :
        result = 10
    else :
        result = None
elif 6 <= remain_period < 12 :
    if country == '아시아' :
        result = 15
    elif country == '유럽' :
        result = 17
    elif country == '미주' :
        result = 20
    else :
        result = None
elif 12 <= remain_period :
    if country == '아시아' :
        result = 25
    elif country == '유럽' :
        result = 30
    elif country == '미주' :
        result = 40
    else :
        result = None
else :
    result = None

if result:
    print(f'{remain_period}개월 이후의 {country} 항공권은 {result}% 할인')
else:
    print('기간 또는 지역 정보가 바르지 않거나, 할인이 지원되지 않는 지역입니다.')
```

실행결과

```
몇개월 후의 여행을 계획중인가요?(3개월 이상) 8
여행할 지역 입력(아시아,유럽,미주): 유럽

>>>
몇개월 후의 여행을 계획중인가요?(3개월 이상) 2
여행할 지역 입력(아시아,유럽,미주): 아시아

>>>
```

[도전문제]

1. 정수를 입력받아 짝수 및 홀수를 판별하여 출력하시오.

```
num = int(input('정수 입력: '))
if ____________ :
    print(f'{num}은 홀수')
else :
    print(f'{num}은 짝수')
```

실행결과

```
      정수 입력: 77
      77은 홀수
>>>
      정수 입력: 90
      90은 짝수
>>>
```

2. 입력받은 정수가 양수, 음수, 0인지 판별하여 출력하시오.

```
num = int(input('정수 입력: '))
if ____________ :
    print(f'{num}은 양수')
elif ____________ :
    print(f'{num}은 음수')
else :
    print(f'{num}은 0')
```

실행결과

```
      정수 입력: 77
      77은 양수
>>>
      정수 입력: -25
      -25은 음수
>>>
```

3. 아이디와 패스워드를 입력받아 로그인 인증 결과를 출력하시오.

- 아이디(admin), 패스워드(pw1234) 둘 다 맞으면 로그인 성공 메시지를 출력하고, 둘 중의 하나 이상 틀리면 오류 메시지 출력

```
user_id = input('아이디 입력: ')
user_pwd = input('비밀번호 입력: ')
if ______________________________ :
   print('로그인 성공')
else :
   print('아이디나 비밀번호가 틀려 로그인 실패')
```

실행결과

```
     아이디 입력: admin
     비밀번호 입력: hoho
     아이디나 비밀번호가 틀려 로그인 실패
>>>
     아이디 입력: admin
     비밀번호 입력: pw1234
     로그인 성공
>>>
```

4. 두 수를 입력받고, 사칙 연산자 중의 하나를 입력받아 사칙 연산의 결과를 출력하시오.

실행결과

```
     첫 번째 수 입력: 20
     두 번째 수 입력: 30
     원하는 연산 기호 하나 입력: (+ - * /) +
     20 + 30 = 50
>>>
     첫 번째 수 입력: 40
     두 번째 수 입력: 10
     원하는 연산 기호 하나 입력: (+ - * /) /
     40 / 10 = 4.0
>>>
```

5. 두 번의 점수를 입력받아 합격 및 불합격 여부를 출력하시오.

- input() 함수를 이용하여 1차 및 2차 점수를 입력받고, 조건(평균 70점 이상, 각 점수당 50점 이상(과락: 50점 미만))이 맞으면 합격, 그렇지 않으면 불합격 결과 출력

실행결과

```
        1차 점수 입력: 70
        2차 점수 입력: 95
        합격
>>>
        1차 점수 입력: 49
        2차 점수 입력: 100
        불합격
>>>
```

6. 점수를 입력받아 학점을 출력하시오.

– 90 이상: A, 80 이상~90 미만: B, 70 이상~80 미만: C, 60 이상~70 미만: D, 60 미만: F

실행결과

```
        점수 입력: 93
        93점은 A학점
>>>
        점수 입력: 77
        77점은 B학점
>>>
        점수 입력: 57
        57점은 F학점
>>>
```

Chapter

파이썬 반복문

학습목표

★ 파이썬 반복문에 대하여 이해할 수 있습니다.

★ 파이썬 반복문의 종류와 구조를 이해하고 활용할 수 있습니다.

★ 파이썬 기타 제어문의 종류와 구조를 이해하고 용도에 맞게 활용할 수 있습니다.

CHAPTER

07 파이썬 반복문

파이썬 반복문은 특정 문장을 여러 번 반복하여 실행하는 반복적 구조로서 파이썬 반복문은 조건식이 만족하는 동안 또는 범위의 횟수 동안 여러 번 반복하여 실행하는 제어문 문장입니다.

파이썬의 반복문 종류에는 while 문과 for 문이 있습니다. while 문은 조건식의 결과가 True이면 특정 문장을 여러 번 반복 실행하다가 조건식이 False가 되면 반복을 종료하는 반복문이고, for 문은 범위의 횟수 동안 특정 문장을 여러 번 반복하여 실행하는 반복문입니다.

7장에서는 파이썬 반복문의 종류인 while 문과 for 문에 대하여 학습하고, 기타 제어문인 break 문과 continue 문에 대하여 학습합니다. 먼저 while 문에 대하여 살펴보겠습니다.

7.1 파이썬 반복문 개요

파이썬 반복문 형태인 while 문과 for 문의 공통 및 각각의 규칙은 다음과 같습니다.

✓ 파이썬 반복문의 규칙

1. while 문과 for 문의 조건식 끝에는 항상 :(콜론)이 있어야 합니다.
2. 실행 코드는 반드시 공백(스페이스바 또는 Tab)으로 들여쓰기(Indent)하여 while 문과 for 문에 포함되는(종속) 코드로 작성해야 합니다.

✓ while 문의 규칙

1. 선택문처럼 조건식의 결과가 True 또는 False인지에 따라 특정 문장을 반복 실행하거나 실행하지 않는 조건적 반복 실행 구조입니다.
2. while 문의 조건식들은 논리 연산이 가능한 문장, 즉 True · False 판별이 가능한 것이어야 합니다.

✓ for 문의 규칙

1. 제어변수와 특정 범위를 활용하여 반복 실행합니다.
2. 특정 범위는 range() 함수, 리스트, 문자열 등을 이용하여 지정합니다.

중간 점검

1. while 문과 for 문의 조건식 끝에는 반드시 (　)이 있어야 합니다.

[답] 콜론(:)

2. for 문은 범위나 리스트의 원소를 하나씩 꺼내어 반복 실행합니다. (O/X)

[답] O

7.2 while 문

while 문은 선택문처럼 조건식의 결과에 따라 실행 여부가 결정되는데, 선택문은 조건식의 결과가 True이면 실행하고, False이면 건너뛰는 과정을 한 번만 실행합니다. 반면 while 문은 조건식의 결과가 True이면 종속된 특정 문장을 실행하고, 조건식을 다시 확인하여 결과가 True이면 다시 반복 실행, False이면 종료하게 됩니다. 즉, 조건 확인과 실행을 계속해서 반복하는 조건적 반복 실행 구조입니다. while 문의 기본 구조를 살펴보면 다음과 같습니다.

기본 문법	순서도
while 조건식: (공백) 명령문 1 ⋮ while 문 다음 명령문	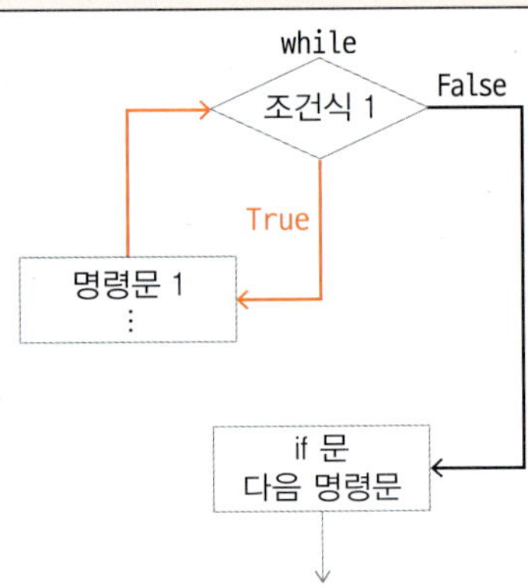

그림 7.1

설명 while 문의 조건식 결과가 True라면 명령문 1, … 을 실행하고, 이후 while 문의 조건식을 다시 확인하여 결과가 True라면 명령문 1, … 을 실행하는 과정을 반복하다가 조건식의 결과가 False가 되면 명령문 1, … 을 건너뛰고 while 문 구조를 벗어나 while 문 다음 명령문을 실행합니다.

기본 문법	순서도

while 조건식:
(공백) 명령문 1
⋮
else:
(공백) 명령문 2
⋮
while 문 다음 명령문
	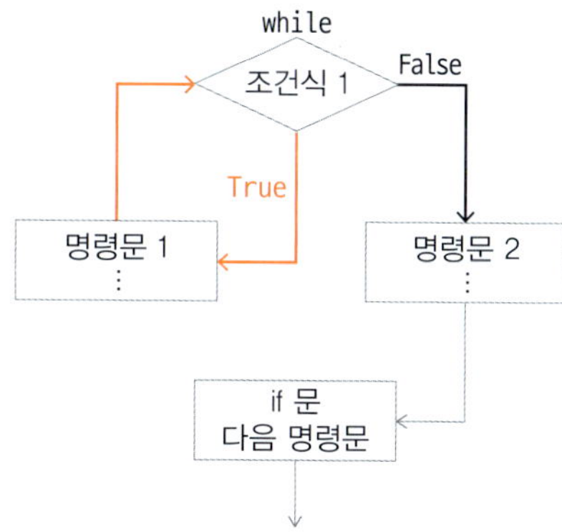
	그림 7.2

설명 while 문의 조건식 결과가 True라면 명령문 1, … 을 실행하고, 이후 while 문의 조건식을 다시 확인하여 결과가 True라면 명령문 1, … 을 실행하는 과정을 반복하다가 조건식의 결과가 False가 되면 명령문 2, … 을 실행하고 while 문 구조를 벗어나 while 문 다음 명령문을 실행합니다.

예제 7.1을 실행하면 처음에는 while 문의 year<=3 조건식을 만족하기 때문에 '서당개 1년' 문장을 출력하고, year 변수를 1 증가시켜 year 변수는 2가 됩니다. 이후 while 문의 year<=3 조건식을 다시 확인하는데 결과가 True이기 때문에 '서당개 2년' 문장을 출력하고, year 변수를 1 증가시키는 과정을 반복하다가 year 변수가 4가 되면 year<=3 조건식을 만족하지 않기 while 문을 벗어나 '풍월을 읊습니다.' 문장을 출력합니다.

예제 7.1 while 문을 이용한 반복 출력(1)

```
year = 1
while year <= 3 :
    print(f'서당개 {year}년')
    year += 1

print('풍월을 읊습니다.')
```

실행결과

```
서당개 1년
서당개 2년
서당개 3년
풍월을 읊습니다.
>>>
```

예제 7.2를 실행하여 'y'를 입력하면 while 문의 result != 'y' 조건식을 만족하지 않기 때문에 while 문을 벗어나 '종료' 문장을 출력 후 종료하고, 그 외의 다른 값을 입력하면 result !=' y' 조건식을 만족하기 때문에 '파이썬 최고!' 문장을 출력하고 다른 값을 입력받는 과정을 반복 실행합니다.

예제 7.2 while 문을 이용한 반복 출력(2)

```
result = None
while result != 'y':
    print('파이썬 최고!')
    result = input('계속하려면 입력:(종료:y) ')

print('종료')
```

실행결과

```
파이썬 최고!
계속하려면 입력:(종료:y) hi
파이썬 최고!
계속하려면 입력:(종료:y) 1234
파이썬 최고!
 실행결과
파이썬 최고!
계속하려면 입력:(종료:y) hi
파이썬 최고!
계속하려면 입력:(종료:y) 1234
파이썬 최고!
계속하려면 입력:(종료:y) y
종료
>>>
```

조건 반복

중간 점검

1. while 문은 조건식이 ( )일 때만 반복 실행됩니다.

[답] True

2. 다음 코드의 출력 결과는 무엇인가?

```
x = 1
while x <= 3:
    print(x, end= ' ')
    x += 1
```

[답] 1 2 3

7.3 for 문

for 문은 range() 함수, 리스트, 문자열 등을 이용하여 특정 범위를 지정하게 되는데, range() 함수를 이용하는 경우 시작 값부터 종료 값까지 증가 값만큼씩 증가시키면서 항목의 원소를 하나씩 꺼내와 제어변수에 저장한 뒤, for 문에 종속된 명령문들을 실행합니다.

즉, for 문을 처음 실행하게 될 때 range() 함수의 시작 값을 가져와 제어변수에 저장한 뒤, for 문 안에 있는 명령문 1, … 을 실행합니다. 이후 다시 for 문으로 돌아와 range() 함수의 시작 값에서 증가 값만큼 증가시킨 값을 제어변수에 저장한 뒤, for 문 안에 있는 명령문 1, … 을 다시 실행합니다. 이 과정을 반복하게 되는데 range() 함수의 종료 값까지 증가하게 되면 종료 값을 제어변수에 저장한 뒤, 마지막으로 for 문에 있는 명령문 1, … 을 실행하고 for 문을 종료합니다.

range() 함수는 range(0, 10, 1)과 range(0, 10)과 range(10)은 모두 0부터 9까지 1씩 증가하며 숫자를 하나씩 가져와 제어변수에 저장합니다. 즉, 시작 값을 생략하면 0이 되고, 증가 값을 생략하면 1이 됩니다. 하지만 종료 값은 생략할 수 없으며, 시작 값과 증가 값은 정수형이어야 하고, 증가 값은 0이 될 수 없습니다. for 문의 기본 구조를 살펴보면 다음과 같습니다.

기본 문법	순서도
for 제어변수 in range(시작값, 종료값+1, 증가값) : (공백) 명령문 1 ⋮ for 문 다음 명령문 ① ② ③ 다음 항목	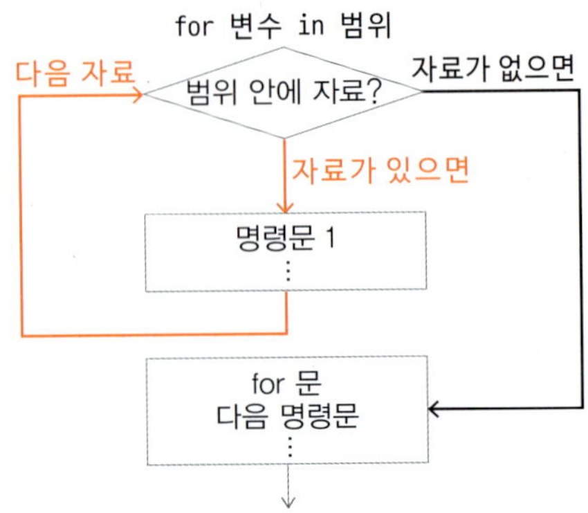 그림 7.3
for 제어변수 in 리스트 : (공백) 명령문 1 ⋮ for 문 다음 명령문	
for 제어변수 in '문자열' : (공백) 명령문 1 ⋮ for 문 다음 명령문	

예제 7.3의 range(5)는 0부터 4까지 1씩 증가하면서 실행하는 예제로서, 처음에는 0의 값을 가져와 제어변수 a에 저장 후, '*' 문자를 a+1(0+1)만큼 반복 출력합니다.

예제 7.3 range() 함수를 이용한 반복 출력

```
for a in range(5) :
   print('*' * (a+1))
```

실행결과

```
*
**
***
****
*****
>>>
```

예제 7.4는 odd 리스트에서 항목을 하나씩 가져와 반복 실행하는 예제로서, 처음에는 odd 리스트의 1을 가져와 제어변수 a에 저장 후, a+1(1+1)을 출력합니다. 이후 odd 리스트의 다음 항목 3을 가져와 제어변수 a에 저장 후 a+1(3+1)을 출력합니다. 이 과정을 반복하게 되는데 마지막 항목 9를 가져와 제어변수 a에 저장 후 a+1(9+1)을 출력하고 for 문을 종료합니다.

예제 7.4 리스트를 이용한 반복 출력

```
odd = [1, 3, 5, 7, 9]
for a in odd :
   print(a+1, end=' ')
```

실행결과

```
2 4 6 8 10
>>>
```

예제 7.5는 딕셔너리에서 키를 하나씩 가져와 반복 실행하는 예제입니다. for 문에서 딕셔너리의 항목을 가져올 때는 키만 가져옵니다.

예제 7.5 딕셔너리를 이용한 반복 출력

```
book = {'철학':100, '기술과학':500, '문학':800}
for a in book :
   print(a, end=' ')
```

실행결과

```
철학 기술과학 문학
>>>
```

예제 7.6은 'Python' 문자열에서 문자를 하나씩 가져와 반복 실행하는 예제로서, 처음에는 'Python' 문자열의 문자 'P'를 가져와 제어변수 a에 저장 후, a('P')를 출력합니다. 이후 'Python' 문자열의 다음 문자 'y'를 가져와 제어변수 a에 저장 후 a('y')를 출력합니다. 이 과정을 반복하게 되는데 마지막 문자 'n'을 가져와 제어변수 a에 저장 후 a(n')을 출력하고 for 문을 종료합니다.

예제 7.6 문자열을 이용한 반복 출력

```
for a in 'Python' :
   print(a, end=' ')
```

실행결과

```
P y t h o n
>>>
```

예제 7.7은 단을 입력받아 구구단을 출력하는 예제입니다. 첫 번째 예제는 for 문을 이용하고, 두 번째 예제는 while 문을 이용합니다. for 문을 이용한 예제에서는 range() 함수를 이용하여 1부터 9까지 반복하면서 구구단을 출력하고, while 문을 이용한 예제에서는 조건식 a <= 9를 만족할 때까지 반복하면서 구구단을 출력합니다.

예제 7.7 단을 입력받아 구구단 출력

```
num = int(input('단 입력: '))
for a in range(1, 10):
    print(f'{num} × {a} = {num*a}')
```

```
a = 1
num = int(input('단 입력: '))
while a <= 9 :
    print(f'{num} × {a} = {num*a}')
    a += 1
```

실행결과

```
단 입력: 7
7 × 1 = 7
7 × 2 = 14
7 × 3 = 21
7 × 4 = 28
7 × 5 = 35
7 × 6 = 42
7 × 7 = 49
7 × 8 = 56
7 × 9 = 63
>>>
```

횟수 반복

중간 점검

1. for 문은 주로 (　) 함수나 리스트, 문자열과 함께 사용된다.

[답] range()

2. 다음 코드의 출력 결과는 무엇인가?

```
for x in range(3):
   print(x, end=' ')
```

[답] 0 1 2

7.4 기타 제어문

for 문이나 while 문으로 반복 실행하다 보면 특정 상황이 발생했을 때 반복의 흐름을 바꿔야 할 필요가 발생합니다. break 문을 만나게 되면 반복 구간을 더 이상 실행하지 않고 반복문을 강제 종료합니다. continue 문을 만나게 되면 반복 구간의 남은 명령문을 실행하지 않고 반복문 처음으로 이동합니다. break 문과 continue 문의 기본 구조를 살펴보면 다음과 같습니다.

<table>
<tr><th>기본 문법</th><th>순서도</th></tr>
<tr><td>break 문을 이용한 강제 종료</td><td>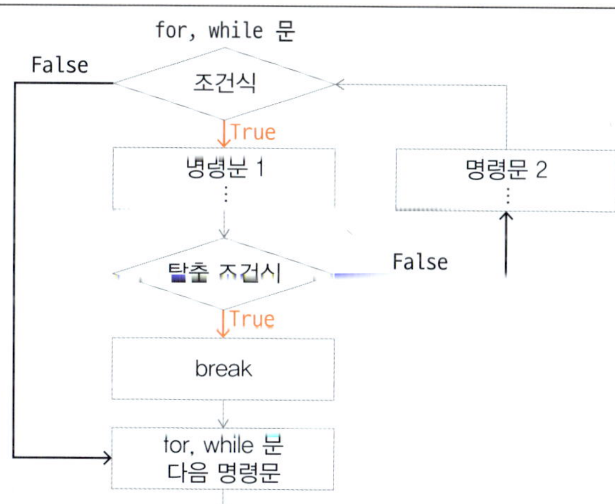

그림 7.4</td></tr>
</table>

설명 for 문이나 while 문 안의 명령문 1, … 을 실행하다가 탈출 조건식 결과에 따라 True이면 break 문을 만나게 되어 반복 실행 구간의 명령문 2, … 을 실행하지 않고 for 문이나 while 문을 벗어나 다음 명령문을 실행합니다. 탈출 조건식의 결과가 False이면 for 문이나 while 문의 반복 실행 구간을 계속 실행합니다.

기본 문법	순서도
continue 문을 이용한 반복 구간 건너뛰기	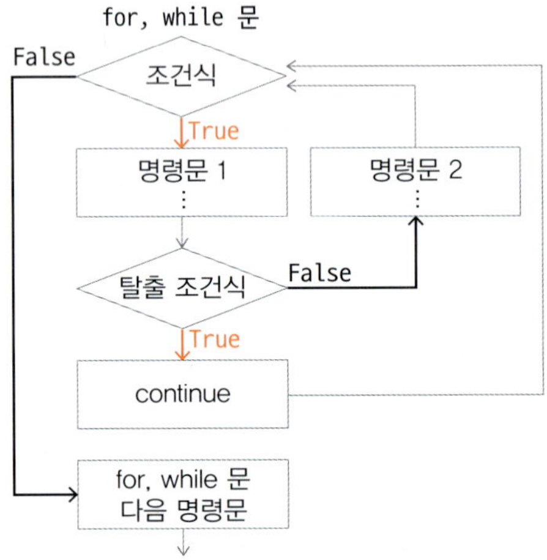 그림 7.4

설명 for 문이나 while 문 안의 명령문 1, … 을 실행하다가 탈출 조건식 결과에 따라 True이면 continue 문을 만나게 되어 반복 실행 구간의 명령문 2, …를 실행하지 않고 for 문이나 while 문의 처음으로 이동합니다. 탈출 조건식의 결과가 False이면 for 문이나 while 문의 반복 실행 구간을 계속 실행합니다.

예제 7.8처럼 while 문의 조건식을 True로 표현하면 조건이 항상 True가 되어 무한 반복 실행하게 됩니다. 조건 결과가 항상 True가 되면 무한 반복(무한 루프)을 하게 되어 프로그램을 종료할 수 없게 됩니다. 조건식을 True로 표현하지 않더라도 프로그램을 작성하다 보면 반복 실행이 종료되지 않는 상황이 발생할 수 있습니다. 이런 경우 for 문이나 while 문 안에 탈출 조건식을 작성하여 탈출 조건을 만족하면 강제 종료하도록 해야 합니다. 예제 7.8은 while True 문에 따라 무한 반복을 실행하게 되는데, 내부에 탈출 조건식 num == 0을 만족하게 되면 beak 문을 만나게 되어 while 문을 강제 종료합니다.

예제 7.8 무한루프 while 문 안에서 break를 이용한 강제 종료

```
while True:
   num = int(input('번호 입력(종료 0): '))
   if num == 0 :
      break
   print('while 무한루프로 반복 중')
```

실행결과

```
    번호 입력(종료 0): 1
    while 무한루프로 반복 중
    번호 입력(종료 0): 3
    while 무한루프로 반복 중
    번호 입력(종료 0): 0
>>>
```

예제 7.9는 1~30 사이의 정수 중에서 7의 배수를 출력하는 예제입니다. 위의 예제는 for 문 안에 if 문을 이용하여 7로 나눈 나머지가 0이면 '7의 배수' 문장을 출력합니다. 아래 예제는 for 문 안에 if 문을 이용하여 7로 나눈 나머지가 0이 아니면 continue 문을 만나게 되어 '7의 배수' 문장을 출력하지 않고 for 문의 처음으로 이동합니다.

예제 7.9 1~30 사이의 정수 중에서 7의 배수 출력

```python
for a in range(1,31) :
   if a % 7 == 0 :
      print(f'7의 배수: {a}')
```

```python
for a in range(1,31) :
   if a % 7 != 0 :
      continue
   print(f'7의 배수: {a}')
```

실행결과

```
    7의 배수: 7
    7의 배수: 14
    7의 배수: 21
    7의 배수: 28
>>>
```

파이썬에는 기타 제어문으로 pass 문이 있는데, pass 문은 아무것도 실행하지 않는 문장입니다. 반복문이나 임시 함수 작성 시 기본 틀만 표현하려고 내부에 당장 아무것도 작성하지 않으면 오류가 발생합니다. 이럴 때 임시로 pass 문을 작성해 놓으면 오류 없이 기본 틀을 갖출 수 있습니다. 이후 실제 코드를 작성할 때 pass 문을 삭제합니다. 예제 7.10은 pass 문의 사용 형태입니다.

예제 7.10 pass 문 사용 형태

```
while True:
   pass
```

```
for a in range(10):
   pass
```

중간 점검

1. break 문은 반복문을 강제 종료합니다. (O/X)

[답] O

2. continue 문은 남은 명령문을 실행하지 않고 반복문의 처음으로 이동합니다. (O/X)

[답] O

7.5 효율적인 자료구조와 반복문 활용

(1) 리스트와 반복문

예제 7.11은 리스트에 저장된 점수를 차례대로 읽어 와서 리스트 저장된 번호순으로 '합격' 또는 '불합격'을 출력하고 합격한 학생 수를 출력하는 프로그램입니다(합격의 기준은 점수가 80점 이상).

예제 7.11 합격/불합격 판단하기

```
score=[60,80,90,70,95]
cnt=0
print(score)
for i in range(len(score)):
   if score[i]>=80:
      result='합격'
      cnt += 1
   else:
      result='불합격'
   print(f'{i+1}번 학생은 {result}입니다.')

print(f'합격한 학생 수: {cnt}')
```

실행결과

```
    [60, 80, 90, 70, 95]
    1번 학생은 불합격입니다.
    2번 학생은 합격입니다.
    3번 학생은 합격입니다.
    4번 학생은 불합격입니다.
    5번 학생은 합격입니다.
    합격한 학생 수: 3
>>>
```

예제 7.12는 사용자로부터 5개의 점수를 입력받아 리스트에 저장하고 리스트에 저장된 점수에 대한 합계, 평균, 최대값, 최소값을 출력하는 프로그램입니다.

예제 7.12 평균, 최대값, 최소값 구하기

```
hap=0
score=[0]*5        # 리스트 초기화


for i in range(len(score)):
   score[i]=int(input(f'{i+1}번째 점수:'))
   hap += score[i]

# 평균, 최대값, 최소값 구하기
avg=hap/len(score)
max_score=max(score)
min_score=min(score)

print('='*20)
print(f'합  계 => {hap}')
print(f'평  균 => {avg:.2f}')
print(f'최대값 => {max_score}')
print(f'최소값 => {min_score}')
print(f'='*20)
```

실행결과

```
1번째 점수:85
2번째 점수:45
3번째 점수:96
4번째 점수:55
5번째 점수:75
```

```
     ====================
     합  계 => 356
     평  균 => 71.20
     최대값 => 96
     최소값 => 45
     ====================
>>>
```

(2) 딕셔너리와 반복문

예제 7.13은 딕셔너리에 학생 식당 메뉴(키)와 가격(값)을 저장하고 전체 정보를 출력한 후 메뉴에 대한 가격을 검색해서 출력해 주고, 사용자가 'q'를 입력하면 종료되는 프로그램입니다. 키와 값은 아래와 같습니다.

키(key)	값(value)
라면	3000
떡볶이	4000
김밥	2000
햄버거	5000

예제 7.13 메뉴와 가격 정보 출력하기

```
menu={}

menu['라면']=3000
menu['떡볶이']=4000
menu['김밥']=2000
menu['햄버거']=5000

for m in menu:
   print(f'{m}-{menu[m]}')

while True:
   s=input('search menu : ')
   if s=='q': break
   print(menu.get(s,'Not Found'))
```

실행결과

```
    라면-3000
    떡볶이-4000
    김밥-2000
    햄버거-5000
    search menu : 김밥
    2000
    search menu : 라면
    3000
    search menu : 참치마요
    Not Found
    search menu : q
>>>
```

예제 7.14는 학생들의 이름과 점수를 저장한 딕셔너리를 만들고, 반복문을 사용하여 각 학생의 이름과 점수를 출력하고 학생들의 평균 점수를 계산한 후 출력하는 프로그램입니다.

예제 7.14 학생 정보 딕셔너리와 반복문 활용

```python
# 학생 정보 딕셔너리 생성
students = {
    '대한이': 85,
    '민국이': 72,
    '행복이': 91,
    '사랑이': 68,
    '기쁨이': 97
}

# 모든 학생의 이름과 점수 출력하기
for student, score in students.items():
    print(f'{student}: {score}')

# 학생들의 평균 점수 계산하기
total_score = 0
for score in students.values():
    total_score += score

average_score = total_score / len(students)
print(f'전체 학생들의 평균 점수: {average_score:.2f}')
```

실행결과

```
    대한이: 85
    민국이: 72
    행복이: 91
    사랑이: 68
    기쁨이: 97
    전체 학생들의 평균 점수: 82.60
>>>
```

중간 점검

1. 리스트에서 각 항목을 반복해서 처리할 때는 ( ) 문을 사용하여 쉽게 처리할 수 있습니다.

[답] for

2. 다음 코드의 출력 결과는 무엇인가?

```
scores = [90, 80, 85]
total = 0
for score in scores:
    total += score
print(f'총점: {total}')
```

[답] 255

요약(SUMMARY)

7.1 파이썬 반복문 개요

반복문은 특정 문장을 여러 번 반복해서 실행하는 구조입니다. 파이썬에서는 while 문과 for 문을 사용하여 반복 작업을 수행합니다. 반복문은 조건식이 참(True)일 때 실행되며, 조건이 거짓(False)이 되면 종료됩니다.

7.2 while 문

while 문은 조건식이 참(True)인 동안 반복 실행되며, 조건식이 거짓(False)이 되면 반복이 종료됩니다. 반복이 종료되기 전에 조건을 변경하지 않으면 무한 루프에 빠질 수 있으므로 주의가 필요합니다.

7.3 for 문

for 문은 리스트, 문자열, range() 함수 등을 이용해 정해진 횟수만큼 반복할 때 사용됩니다. 범위나 리스트에서 하나씩 값을 꺼내와 제어변수에 저장하며, 그 값을 가지고 반복 실행을 진행합니다.

7.4 기타 제어문

break 문은 반복문을 강제 종료하고 continue 문은 현재 반복을 건너뛰고 다음 반복으로 넘어가게 합니다. 무한 루프를 방지하거나 특정 조건에서 반복을 제어할 때 유용합니다.

7.5 효율적인 자료구조와 반복문 활용

리스트, 딕셔너리 같은 자료구조와 반복문을 함께 사용하면 데이터 처리에 매우 효율적입니다. 반복문을 통해 각 항목을 하나씩 처리하며, max(), min(), sum() 등의 함수를 이용해 리스트나 딕셔너리의 값을 계산할 수 있습니다.

연습문제

객관식

1. 다음 코드의 출력 결과는 무엇인가?

```
for i in range(3):
    print(i, end=' ')
```

① 0 1 2 ② 1 2 3
③ 0 1 2 3 ④ 1 2

2. 다음 코드의 출력 결과는 무엇인가?

```
x = 1
while x <= 3:
    print(x, end=' ')
    x += 1
```

① 1 2 3 ② 1 2
③ 1 2 3 4 ④ 1 1 1

3. for 문에서 사용할 수 있는 자료형으로 올바르지 않은 것은?

① 리스트 ② 문자열
③ 딕셔너리 ④ 클래스

4. 다음 코드의 출력 결과는 무엇인가?

```
odd = [1, 3, 5]
for num in odd:
    print(num * 2, end=' ')
```

① 2 4
② 2 6 10
③ 3 6 9
④ 1 3 5

O/X형

5. while 문은 조건식이 True일 동안 반복된다. (O/X)

6. while 문을 사용할 때 조건식이 False가 되면 반복이 종료된다. (O/X)

단답형

7. for 문은 주로 (   ) 함수나 리스트, 문자열과 함께 사용된다.

8. break 문은 반복문을 강제로 (   )한다.

9. continue 문은 반복문에서 나머지 코드를 건너뛰고 (   )으로 돌아간다.

10. range(5)는 0부터 (   )까지 1씩 증가하는 범위를 반환한다.

실습문제

1. 정수를 입력받아 덧셈을 수행하려 합니다. 사용자가 0을 입력할 때까지 모든 정수의 더한 결과를 출력하시오.

```
print('정수를 입력. 0 입력 시 종료됨')
total=0
s=int(input('num : '))

while s!=0:
   total += s
   s=int(input('num : '))

print(f'총 합계 : {total}')
```

실행결과

```
     정수를 입력. 0 입력 시 종료됨
     num : 100
     num : 80
     num : 90
     num : 100
     num : 0
     총 합계 : 370
>>>
```

2. 시작과 끝값을 입력받은 후 3의 배수를 제외한 모든 숫자의 합계를 출력하시오.

```
s=int(input('start num: '))
e=int(input('end num: '))

total=0

for i in range(s,e+1):
   if i % 3 != 0:
      total += i

print(f'3의 배수를 제외한 숫자의 합: {total}')
```

실행결과

```
    start num: 1
    end num: 10
    3의 배수를 제외한 숫자의 합: 37
>>>
```

3. 삼각형 모양의 별을 출력하는 파이썬 코드의 실행 결과를 작성하시오.

```python
for a in range(5) :
    print('*' * (5-a))
```

실행결과

```
    *****
    ****
    ***
    **
    *
>>>
```

```python
for a in range(5) :
    print(str(5-a) * (5-a))
```

실행결과

```
>>>
```

4. 학생 정보를 입력받아 평균을 출력하는 프로그램을 작성하시오.

```python
students = []             # 학생 리스트
sum = 0                   # 합계

num = int(input('학생 수 입력: '))
for i in range(num) :      # 학생 정보 저장을 위한 for문
    print(f'<< {i+1}번째 학생 정보 입력 >>')
    name = input('학생 이름 입력: ')
    score = int(input(f'{name} 점수 입력: '))
    students.append([name, score])  # 학생 리스트에 저장
    sum += score                    # 총점 구함

for info in students :              # 학생 정보 출력을 위한 for문
    print(f'이름: {info[0]}, 점수: {info[1]}')
print(f'학생들 점수 평균: {sum/num:.2f}')
```

실행결과

```
    학생 수 입력: 3
    << 1번째 학생 정보 입력 >>
    학생 이름 입력: 박보검
    박보검 점수 입력: 90
    << 2번째 학생 정보 입력 >>
    학생 이름 입력: 정우성
    정우성 점수 입력: 80
    << 3번째 학생 정보 입력 >>
    학생 이름 입력: 차은우
    이승기 점수 입력: 85
    이름: 박보검, 점수: 90
    이름: 정우성, 점수: 80
    이름: 차은우, 점수: 85
    학생들 점수 평균: 85.00
>>>
```

5. 컴퓨터가 생각한 숫자를 맞추는 게임 프로그램을 작성하시오.

```
import random
com = random.randint(1,20)
print('<< 컴퓨터가 생각한 1~20 숫자 맞추기 >>')
while True :
   player = int(input('숫자 입력(종료 0): '))
   if player == 0 :
      break
   elif player == com :
      print('정답!!')
      break
   elif player > com :
      print('더 작은 숫자 입력! ')
   elif player < com :
      print('더 큰 숫자 입력! ')
```

실행결과

```
<< 컴퓨터가 생각한 1~20 숫자 맞추기 >>
숫자 입력(종료 0): 10
더 큰 숫자 입력!
숫자 입력(종료 0): 15
더 작은 숫자 입력!
숫자 입력(종료 0): 12
더 큰 숫자 입력!
숫자 입력(종료 0): 13
정답!!
>>>
```

6. 3, 6, 9로 끝나는 숫자는 '짝'을 출력하는 369 게임 프로그램을 작성하시오.

```
print('<< 369 게임 >>')
num = int(input('1부터 어디까지 진행할까요? '))

for a in range(1,num+1) :
    if a % 10 == 3 or a % 10 == 6 or a % 10 == 9 :
        print('짝', end=' ')
    else :
        print(a, end=' ')
```

실행결과

```
1부터 어디까지 진행할까요? 20
1 2 짝 4 5 짝 7 8 짝 10 11 12 짝 14 15 짝 17 18 짝 20
>>>
```

도전문제

1. 직각삼각형 모양의 별을 출력하시오.

```
for a in range(5) :
    print(' '*(    ),'*'*(    ))
```

실행결과

```
    *
   **
  ***
 ****
*****
>>>
```

```
for a in range(5) :
    print(' '*(    ),'*'*(    ))
```

실행결과

```
*****
 ****
  ***
   **
    *
>>>
```

2. 정삼각형과 역삼각형 모양의 별을 출력하시오.

```
for a in range(5) :
    print(' '*(    ),'*'*(    ))
```

실행결과

```
    *
   ***
  *****
 *******
*********
>>>
```

```
for a in range(5) :
    print(' '*(    ),'*'*(    ))
```

실행결과

```
*********
 *******
  *****
   ***
    *
>>>
```

3. 타자 연습 게임 프로그램을 작성하시오.

```python
import random
word = ['반짝이는','별빛들', '깜빡 이는','불 켜진','건물','우린','빛나고','있네', '각자의 방','
각자의','별에서']
input('타자게임 시작 (엔터 입력) ')
w = random.choice(word)
n = 1            # 문제번호
while True :
    print(f'문제{n} (종료 0): {w}')
    my = input()
    if my == '0' :
        break
    elif my == w :
        print('맞음!!\n')
        w = random.choice(word)
    else :
        print('틀림! 다시!\n')
    n += 1       # 문제번호 증가
```

실행결과

```
타자게임 시작 (엔터 입력)
문제1 (종료 0): 건물
건물
맞음!!

문제2 (종료 0): 별에서
별에서
맞음!!

문제3 (종료 0): 깜빡 이는
0
>>>
```

4. **도전 3** 타자 연습 게임 프로그램을 변형하여 맞힌 문제 개수와 정답률을 출력하시오.

실행결과

```
타자게임 시작 (엔터 입력)
문제1 (종료 0): 건물
건물
맞음!!

문제2 (종료 0): 별에서
별
틀림! 다시!

문제3 (종료 0): 깜빡 이는
0

맞힌 문제 개수: 1개, 정답률: 50.00%
>>>
```

5. 실습 5를 변형하여 컴퓨터가 생각한 숫자를 5번 이내에 맞추시오.

실행결과

```
    << 컴퓨터가 생각한 1~20 숫자 맞추기 >>
    숫자 입력(종료 0): 10
    더 큰 숫자 입력!
    숫자 입력(종료 0): 15
    더 작은 숫자 입력!
    숫자 입력(종료 0): 13
    정답!!
>>>
    << 컴퓨터가 생각한 1~20 숫자 맞추기 >>
    숫자 입력(종료 0): 10
    더 큰 숫자 입력!
    숫자 입력(종료 0): 11
    더 큰 숫자 입력!
    숫자 입력(종료 0): 12
    더 큰 숫자 입력!
    숫자 입력(종료 0): 13
    더 큰 숫자 입력!
    숫자 입력(종료 0): 14
    더 큰 숫자 입력!
    5번 시도 완료!
>>>
```

6. 실습 6을 변형하여 3, 6, 9로 끝나는 숫자는 '짝', 10의 배수는 '따봉'을 출력하는 369 게임을 완성하시오.

실행결과

```
<< 369 게임 >>
1부터 어디까지 진행할까요? 20
1 2 짝 4 5 짝 7 8 짝 따봉 11 12 짝 14 15 짝 17 18 짝 따봉
>>>
```

Chapter

제어문 활용

8.1 for 문과 조건문 활용

8.2 while 문과 조건문 활용

8.3 중첩 반복문 활용

- 요약
- 연습문제

학습목표

★ 선택문과 반복문을 활용하여 다양한 문제를 해결할 수 있습니다.

★ 파이썬 중첩 반복문의 다양한 형태를 이해하고 표현할 수 있습니다.

1. for 문
   - 선택문과 반복문 활용 1 (if 문)
   - 선택문과 반복문 활용 2 (if~ else)
   - 선택문과 반복문 활용 3 (if~ elif~ ... else)
2. while 문
   - while 문과 if 문 활용
   - 무한루프, break 문
3. 중첩 for 문 활용

CHAPTER

08 제어문 활용

지금까지 문제를 해결하는 방법으로 다양한 제어문을 학습했습니다. 조건식이 만족할 경우 처리해 주는 선택문과 동일한 작업을 여러 번 수행해야 하는 경우에 해결하기 위한 반복문을 학습했습니다. 대표적인 반복문인 while 문, for 문, 반복문 처리에 꼭 정리해야 할 break 문, continue 등 기타 제어문을 다루었습니다.

8장에서는 다양한 제어문을 활용하여 일상생활 속의 문제를 해결할 수 있는 효율적인 방법들을 살펴보고 복잡한 데이터를 처리하거나 다양한 알고리즘을 구현하는 데 꼭 필요한 중첩 반복문에 대해서도 살펴보도록 하겠습니다.

8.1 for 문과 조건문 활용

(1) for 문과 if 문 활용

예제 8.1은 이번 학기 수강하는 과목의 점수를 리스트에 저장하고 점수가 70점 이상인 과목의 수를 출력하는 문제입니다. 리스트의 요소를 처음부터 끝까지 차례대로 방문하여 리스트의 요소가 70점 이상인 점수를 누적하여 출력해주는 프로그램입니다.

예제 8.1 점수가 70점 이상인 과목 수 출력

```
score=[70,90,60,100,50]
cnt=0 # 반드시 초기화 필요
for i in range(len(score)):
   if score[i]>=70:
      cnt += 1

print(f'count : {cnt}')
```

실행결과

```
>>>
count: 3
```

(2) for 문과 if ~else 문 활용

예제 8.2는 사용자로부터 시작, 끝 값을 입력받은 후 전체 합계, 짝수의 합계, 홀수의 합계를 출력하는 프로그램입니다.

예제 8.2 전체 합계, 짝수의 합, 홀수의 합 출력

```
s=int(input('start num: '))
e=int(input('end num: '))

# 변수의 초기화
total, even, odd = 0,0,0
for i in range(s,e+1):
   total += i
   if i % 2 == 0: # 짝수 판단
      even += i
   else:
      odd += i

print(f'전체합계 : {total}')
print(f'짝수의 합: {even}')
print(f'홀수의 합: {odd}')
```

실행결과

```
>>>
start num: 1
end num: 10
전체합계 :  55
짝수의 합:  30
홀수의 합:  25
```

(3) for 문과 if ~elif ~...else 문 활용

예제 8.3은 학생들의 코딩 점수가 리스트에 저장되어 있다고 가정하고 각 학생들의 점수를 확인한 후 90점 이상이면 'LEVEL 1', 80점 이상이면 'LEVEL 2', 70점 이상이면 'LEVEL 3', 나머지는 'FAIL' 메시지를 출력하는 프로그램입니다.

예제 8.3 레벨 판별 프로그램

```
score=[85,95,70,50,100]
n=0 # 변수의 초기화
print('코딩 시험 결과')
print('-'*30)
for s in score:
    n += 1

    if s>=90:
        result='LEVEL1'
    elif s>=80:
        result='LEVEL2'
    elif s>=70:
        result='LEVEL3'
    else:
        result='FAIL'

    print(f'{n}번 학생의 점수는 {s}입니다.')
    print(f'결과는 {result}입니다.')
    print()
```

실행결과

```
>>>
코딩 시험 결과
------------------------------
1번 학생의 점수는  85입니다.
결과는 LEVEL2입니다.

2번 학생의 점수는  95입니다.
결과는 LEVEL1입니다.

3번 학생의 점수는  70입니다.
결과는 LEVEL3입니다.
```

```
4번 학생의 점수는 50입니다.
결과는 FAIL입니다.

5번 학생의 점수는 100입니다.
결과는 LEVEL1입니다.
```

중간 점검

1. 다음은 1부터 20까지의 숫자 중에서 3의 배수만 출력하는 코드입니다. 빈 곳에 가장 알맞은 답을 쓰시오.

```
for num in range(1, 21):  # 1부터 20까지 반복
    if_____________________:  # 3의 배수일 때
        print(num)
```

[답] num % 3 == 0

2. 다음은 리스트에서 50 이상인 값은 찾는 코드입니다. 빈 곳에 가장 알맞은 답을 쓰시오.

```
numbers = [12, 67, 34, 56, 89, 23, 44, 90, 77]
for num in range(len(numbers)):
    if_____________________:  # 50보다 크거나 같을 때
        print(num)
```

[답] numbers[num]>=50

8.2 while 문과 조건문 활용

(1) while 문과 if 문 활용

예제 8.4는 컴퓨터가 생성한 주사위 숫자와 사용자가 입력한 숫자를 비교하여 사용자가 입력한 숫자가 높게 나오면 이기는 주사위 게임입니다. 문자열 '0'을 입력하면 게임은 종료되고 아무것이나 입력하면

프로그램은 계속됩니다. 랜덤 숫자를 생성하는 방법은 random 모듈을 사용합니다.

예제 8.4 주사위 게임

```
import random

print('주사위 게임 시작')
throw=input('Enter를 치세요')
while throw != '0':
    com=random.randint(1,6)
    user=int(input('num: '))
    if com>user:
        win='com'
    else:
        win='user'
    print(f'com {com} : user {user}, {win} win')

    throw=input('재시작:Enter,종료:0 ')
```

실행결과

```
주사위 게임 시작
Enter를 치세요
num: 5
com 4 : user 5, user win
재시작:Enter,종료:0
num: 4
com 5 : user 4, com win
재시작:Enter,종료:0 0
>>>
```

(2) 무한 루프, break 문 활용

예제 8.5는 사용자로부터 숫자를 입력받아 숫자만큼 막대그래프를 그리는 프로그램입니다. 단, 입력되는 숫자가 0이 들어오면 막대그래프를 그리는 것을 멈춥니다.

예제 8.5 막대그래프 그리기

```
while True:
    n=int(input('n:'))
    if n==0:
        break
    for i in range(n):
        print('*',end='')
    print()
```

실행결과

```
입력 받은 숫자만큼 막대그래프 그리기
n:5
*****
n:4
****
n:10
**********
n:0
>>>
```

예제 8.6은 컴퓨터가 생성한 구구단 문제에 대한 정답을 사용자로부터 입력받아 'PASS', 'FAIL'을 출력하는 프로그램입니다. 단, 입력되는 문자가 0이 들어오면 프로그램은 종료됩니다.

예제 8.6 구구단 게임 만들기

```
import random

print('구구단 게임')
while True:
    s=input("시작:아무키나(종료하려면 'q' 입력)")
    if s.lower()=='q':break
    dan=random.randint(2,9)
    num=random.randint(1,9)
    # 문제 출제
    ans=int(input(f'{dan} x {num} = '))

    if ans==dan*num:
        print('정답입니다.')
    else:
        print(f'오답입니다. 정답은 {dan*num}입니다.')
```

실행결과

```
구구단 게임
시작:아무키나(종료하려면 'q' 입력)
8 x 3 = 24
정답입니다.
시작:아무키나(종료하려면 'q' 입력)
4 x 5 = 21
오답입니다. 정답은 20입니다.
시작:아무키나(종료하려면 'q' 입력)
7 x 3 = 21
정답입니다.
시작:아무키나(종료하려면 'q' 입력)q
>>>
```

중간 점검

1. 다음은 사용자가 입력한 숫자가 0이 될 때까지 반복해서 숫자를 입력받고 양수인지 음수인지를 판별하는 코드입니다. 빈 곳에 가장 알맞은 답을 쓰시오.

```
while True:  # 무한 루프
    number = int(input('숫자를 입력하세요 (0을 입력하면 종료): '))

    if_____①_____:  # 숫자가 0이면 반복문 종료
        print('프로그램을 종료합니다.')
        break
    elif_____②_____:  # 양수일 경우
        print(f'{number}은(는) 양수입니다.')
    else:  # 음수일 경우
        print(f'{number}은(는) 음수입니다.')
```

[답] ① number == 0

② number > 0

8.3 중첩 반복문 활용

중첩 반복문은 반복문 내부에 또 다른 반복문이 표현된 형태입니다. 한 번의 반복문으로 수행하기 어려운 복잡한 문제의 경우 중첩 반복문을 사용하여 해결합니다. while 문 안에 while 문이 중첩되거나 while 문 안에 for 문이 중첩되어 작성합니다. 또는 for 문 안에 for 문이 중첩되거나 for 문 안에 while 문이 중첩되어 작성될 수 있습니다. while 문 안의 중첩 반복문 기본 구조를 살펴보면 다음과 같습니다.

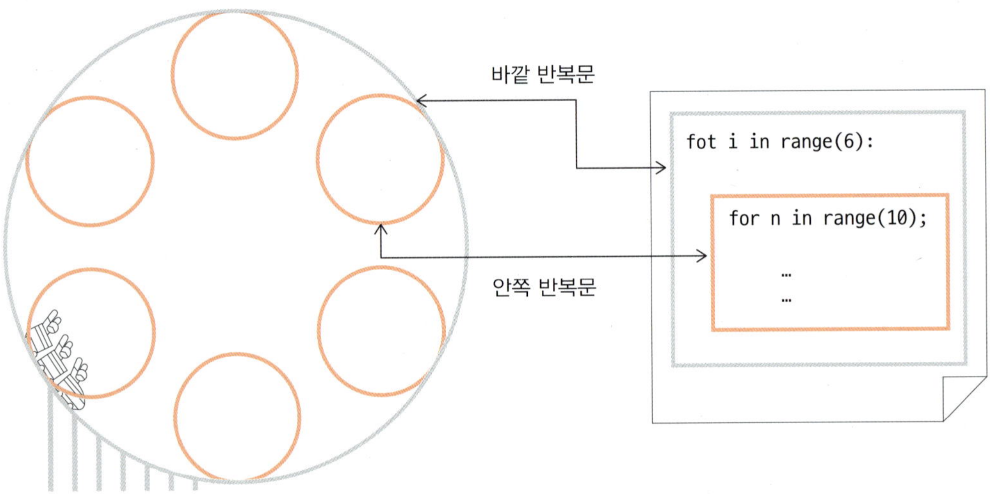

기본 문법	순서도
while 조건식 1 : ① (공백) 명령문1 ⋮ (공백) while 조건식 2 : ② (공백) (공백) 명령문 3 ⋮ ③ (공백) 내부 while 문 다음 명령문 ⋮ ④ 외부 while 문 다음 명령문	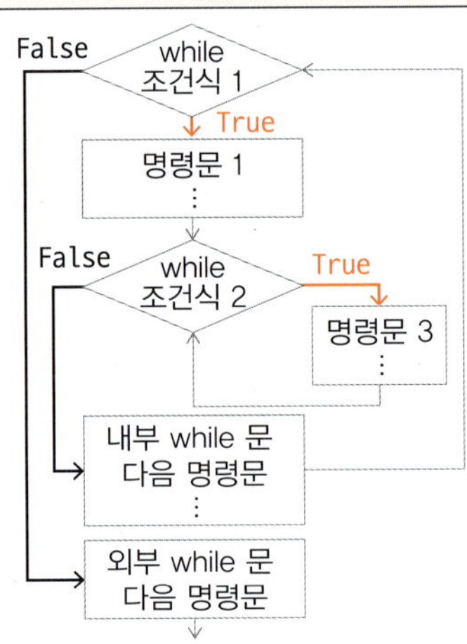

기본 문법	순서도
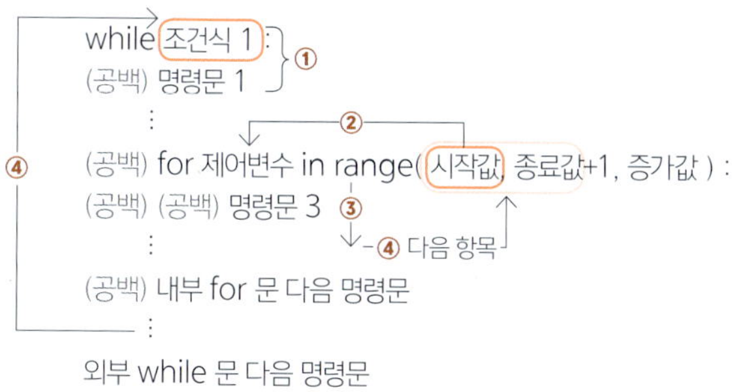	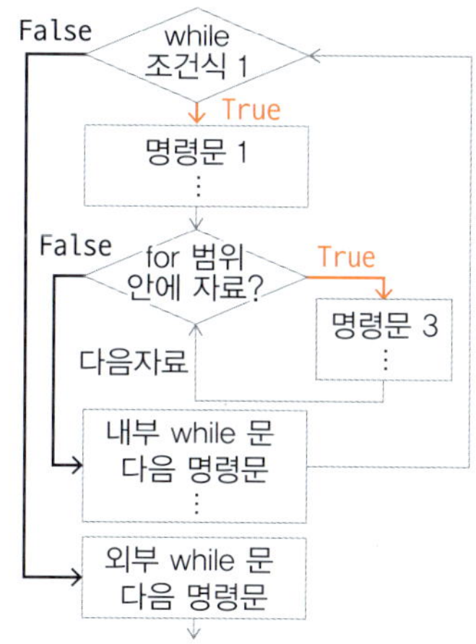

예제 8.7은 외부 while True 문에 따라 0을 입력하기 전까지 무한 반복을 실행하게 되는데, 내부 for 문에서는 입력받은 영어 단어의 글자 하나씩을 alpha 딕셔너리 key에 대응하는 value 값의 암호코드를 가져와 code 변수에 저장합니다. 영어 단어 글자들의 암호코드를 code 변수에 모두 저장했다면 내부 for 문의 수행을 완료하게 되어 영어 단어와 암호코드를 출력합니다. 이후 영어 단어를 입력받아 암호코드를 저장하고 출력하는 과정을 반복하다가 0을 입력하게 되면 while True 문을 종료하게 되어 종료 메시지를 출력하고 프로그램을 종료합니다.

예제 8.7 영문 대문자를 입력받아 암호로 변환하여 출력

```
alpha = {'A':'1!','B':'2@','C':'3#','D':'4$','E':'5%'}
while True:
    code = ''
    word = input('대문자 A~E 단어 입력(종료:0) ')
    if word == '0':
        break
    for ch in word:
        code += alpha[ch]
    print(f'단어 : {word}, 암호코드 : {code}')
print('암호코드 변환 프로그램 종료')
```

실행결과

```
대문자 A~E 단어 입력(종료:0) AABBC
단어: AABBC , 암호코드: 1!1!2@2@3#

대문자 A~E 단어 입력(종료:0) EDCBA
```

```
        단어: EDCBA , 암호코드: 5%4$3#2@1!

        대문자 A~E 단어 입력(종료:0) 0
        암호코드 변환 프로그램 종료
>>>
```

이외에 for 문 안의 중첩 반복문 기본 구조를 살펴보면 다음과 같습니다.

기본 문법	순서도
① for 제어변수1 in range(시작값, 종료값+1, 증가값) : ② (공백) 명령문 1 ⋮ ⑤ 다음 항목 ④ (공백) while 조건식 1 : (공백) (공백) 명령문 3 ③ ⋮ (공백) 내부 while 문 다음 명령문 ⋮ 외부 for 문 다음 명령문	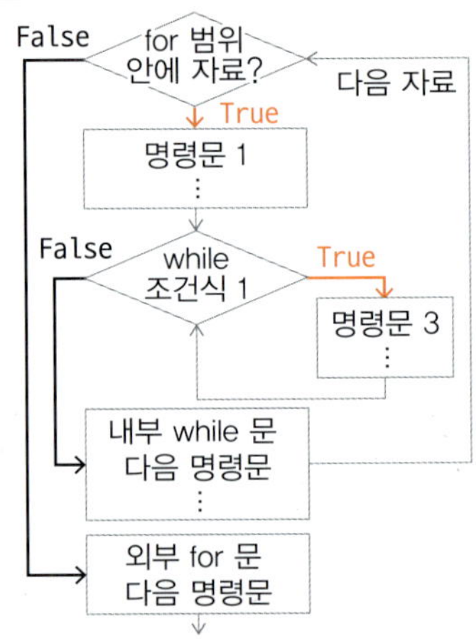

기본 문법	순서도
① for 제어변수1 in range(시작값, 종료값+1, 증가값) : ② (공백) 명령문 1 ⋮ ③ (공백) for 제어변수2 in range(시작값, 종료값+1, 증가값) : ④ (공백) (공백) 명령문 3 ⋮ ⑤ 다음 항목 (공백) 내부 for 문 다음 명령문 ⋮ ⑥ 다음 항목 외부 for 문 다음 명령문	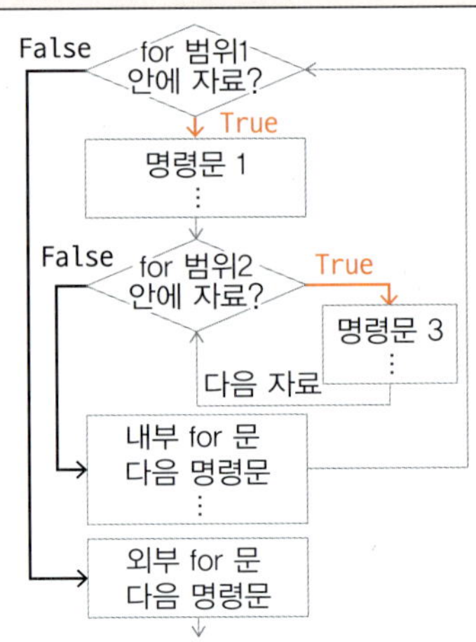

예제 8.8은 외부 for 문에 range() 함수를 이용하여 입력받은 시작 단과 종료 단까지 구구단 출력을

실행하게 되는데, 내부 for 문에서는 시작 단의 구구단을 모두 출력하면 내부 for 문의 수행을 완료합니다. 이후 외부 for 문으로 이동하여 다음 단의 구구단을 출력하는 과정을 반복하다가 종료 단까지 모두 출력하게 되면 외부 for 문을 종료하게 되어 종료 메시지를 출력하고 프로그램을 종료합니다.

예제 8.8 시작 단부터 종료 단까지 구구단 출력

```

start = int(input('시작단 입력: '))
end = int(input('종료단 입력: '))
for dan in range(start,end+1) :
    for num in range(1,10):
        print(f'{dan} × {num} = {dan *num}')
print('구구단 프로그램 종료')

```

실행결과

```
    시작단 입력: 2
    종료단 입력: 3
    2 × 1 = 2
    2 × 2 = 4
    2 × 3 = 6
    2 × 4 = 8
    2 × 5 = 10
    2 × 6 = 12
    2 × 7 = 14
    2 × 8 = 16
    2 × 9 = 18
    3 × 1 = 3
    3 × 2 = 6
    3 × 3 = 9
    3 × 4 = 12
    3 × 5 = 15
    3 × 6 = 18
    3 × 7 = 21
    3 × 8 = 24
    3 × 9 = 27
    구구단 프로그램 종료
>>>
```

예제 8.9의 외부 for 문에서는 main 리스트의 처음 속 재료를 하나 가져와 실행하게 되는데, 내부 for 문에서는 side 리스트의 속 재료를 하나씩 가져와 김밥의 배합을 출력하면 내부 for 문의 수행을 완료합니다. 이후 외부 for 문으로 이동하여 main 리스트의 다음 속 재료를 가져와 내부 for 문의 side 리스트의 속 재료와의 김밥 배합을 출력하는 과정을 반복하다가 모두 출력하게 되면 외부 for 문을 종료하게 되어 프로그램을 종료합니다.

예제 8.9 김밥 배합 출력

```
main = ['참치','소고기']
side = ['치즈','김치']
n = 1
for m in main :
   for s in side :
      print(f'{n}: {m}+{s}+단무지')
      n += 1
```

실행결과

```
    1: 참치+치즈+단무지
    2: 참치+김치+단무지
    3: 소고기+치즈+단무지
    4: 소고기+김치+단무지
>>>
```

예제 8.10은 중첩 for 문을 활용하여 실행결과와 같이 1부터 10까지의 정수에 대한 약수와 약수의 개수를 구하는 프로그램입니다.

예제 8.10 약수와 약수의 개수 출력하기

```
for i in range(1,11):
   cnt=0
   print(f'{i:2d}의 약수 : ', end='')
   for j in range(1,i+1):
      if i % j==0:
         print(j,end=' ')
         cnt +=1
   print(f'{(cnt)}')
```

실행결과

```
>>>
1의 약수 : 1 (1)
2의 약수 : 1 2 (2)
3의 약수 : 1 3 (2)
4의 약수 : 1 2 4 (3)
```

```
5의 약수 : 1 5 (2)
6의 약수 : 1 2 3 6 (4)
7의 약수 : 1 7 (2)
8의 약수 : 1 2 4 8 (4)
9의 약수 : 1 3 9 (3)
10의 약수 : 1 2 5 10 (4)
```

예제 8.11은 리스트에 저장된 점수를 비교하여 전체 순위를 구하는 프로그램입니다. score 리스트에 5개의 점수가 저장되어 있다고 가정하고 외부 for 문에서 선택한 리스트의 값과 내부 for 문에서 모든 리스트의 값과 비교한 다음, 외부 for 문에서 선택된 리스트 값보다 내부 for 문에서 큰 값이 존재한다면 순위는 순위+1로 계산됩니다.

예제 8.11 순위 구하기

```
score=[70,80,60,100,50]
rank=[0]*5
n=len(score)
for i in range(n):
   rank[i]=1
   for j in range(n):
      if score[i]<score[j]:
         rank[i]+=1

for i in range(n):
   print(f'score {score[i]}, rank {rank[i]}')
```

실행결과

```
>>>
score 70, rank 3
score 80, rank 2
score 60, rank 4
score 100, rank 1
score 50, rank 5
```

중간 점검

1. 다음은 중첩 반복문을 이용하여 두 개의 주사위를 굴렸을 때 나올 수 있는 모든 경우의 수를 출력하는 프로그램입니다. 빈 곳에 공통으로 들어가는 가장 알맞은 답을 쓰시오.

```
for dice1 in range(_____①_____):  # 첫 번째 주사위
    for dice2 in range(_____①_____):  # 두 번째 주사위
        print(f'({dice1}, {dice2})')
```

[답] 1, 7

요약(SUMMARY)

8.1 for 문과 조건문 활용

- for 문 안에 if 문을 포함하면, 반복하면서 특정 조건을 만족할 때만 코드를 실행할 수 있습니다.
- for 문과 조건문을 결합할 때 break와 continue를 사용하면 반복을 제어할 수 있습니다.
  - break: 반복문을 즉시 종료합니다.
  - continue: 현재 반복을 건너뛰고 다음 반복으로 넘어갑니다.

8.2 while 문과 조건문 활용

while 문과 조건문(if, elif, else)은 함께 사용하면 특정 조건이 만족될 때까지 반복 작업을 수행하거나 반복 중 특정 조건을 처리할 수 있습니다. 이를 통해 조건에 따라 반복을 계속하거나 중단하는 동작을 만들 수 있습니다.

8.3 중첩 반복문 활용

중첩 반복문은 반복문 안에 또 다른 반복문을 넣어 여러 차원의 반복 작업을 수행할 때 사용됩니다. 이를 활용하면 2차원 배열, 구구단, 좌표 계산 등 복잡한 반복 작업을 쉽게 처리할 수 있습니다.

중첩 반복문의 기본 구조

중첩 반복문에서는 바깥쪽 반복문이 한 번 실행될 때마다 안쪽 반복문이 여러 번 실행됩니다. 바깥쪽 반복문의 횟수에 따라 안쪽 반복문이 반복되며, 중첩 반복의 깊이를 늘리면 다차원의 반복 작업도 가능합니다.

```
for 변수1 in 반복 가능한 객체1:
    for 변수2 in 반복 가능한 객체2:
        실행할 코드
```

연습문제

객관식

1. 다음 코드의 출력 결과는 무엇인가?

```
for i in range(3):
    for j in range(2):
        if i == j:
            print(i, j)
```

① (0, 0), (1, 1) ② (0, 0), (0, 1), (1, 0), (1, 1)
③ (0, 0), (1, 1), (2, 2) ④ 출력되지 않음

2. 다음 코드에서 if 문이 참일 경우에 출력되는 문장은?

```
x = 7
if x > 5:
    print('x는 5보다 큽니다.')
else:
    print('x는 5 이하입니다.')
```

① 'x는 5보다 큽니다.' ② 'x는 5 이하입니다.'
③ 오류 발생 ④ 아무것도 출력되지 않음

3. 다음 코드가 무한 루프에 빠지는 이유는 무엇인가?

```
i = 10
while i > 0:
   print(i)
```

① i의 값이 감소하지 않기 때문에
② i가 0보다 작지 않기 때문에
③ print 함수가 문제이기 때문에
④ while 문이 조건을 잘못 설정했기 때문에

4. 다음 중 반복문을 중단시키는 명령어는 무엇인가?

① continue
② break
③ pass
④ return

5. 다음 코드의 출력 결과는 무엇일까?

```
count = 0
for i in range(5):
   if i % 2 == 0:
      count += 1
print(count)
```

① 1
② 2
③ 3
④ 4

O/X형

6. break 문은 반복문을 즉시 종료하고, 다음 코드를 실행하게 한다. (O/X)

7. continue 문은 반복문을 완전히 종료시킨다. (O/X)

단답형

8. 다음 코드에서 출력되는 값은 무엇인가?

```
for i in range(5):
   if i == 3:
      break
   print(i)
```

9. for 문을 사용하여 1부터 100까지의 숫자 중 짝수만 출력하려면 어떤 조건을 사용해야 하는가?

10. 다음 코드의 출력 결과는 무엇인가?

```
count=0
for i in range(10):
   if i%3==0:
      continue
   count += 1
print(count)
```

실습문제

1. 이번 학기 수강하는 과목의 점수를 입력받아 리스트에 저장하고 '합격'과 '불합격'한 과목의 수를 각각 출력하시오(합격 조건: 80점 이상).

```
score=[]
p,f=0,0
cnt=int(input('수강 과목 수 : '))

for i in range(cnt):
    s=int(input(f'score {i+1} : '))
    score.append(s)

for i in range(cnt):
    if score[i]>=80:
        p += 1
    else:
        f += 1

print('pass : ', p)
print('fail : ', f)
```

실행결과

```
수강 과목 수 : 5
score 1 : 100
score 2 : 70
score 3 : 60
score 4 : 80
score 5 : 90
pass :  3
fail :  2
```

2. 정수를 입력받아 정수만큼 하트 기호를 출력하시오(단, 두 자리 이상의 정수는 자릿수를 분리하여 하트 기호를 출력하시오).

```
str_num = input('정수 입력: ')
i = 0
for i in range( len(str_num) ) :
   heart_num = int(str_num[i])
   heart = ''            # 저장값 초기화
   for k in range( heart_num ) :
      heart += '♥'
   print(heart)
```

실행결과

```
정수 입력: 37
♥♥♥
♥♥♥♥♥♥♥
```

3. 영문 대문자를 입력하면 모스 부호를 출력하시오

```
morse_dict = {'A':'.-','B':'-...', 'C':'-.-.', 'D':'-..',
        'E':'.', 'F':'..-.', 'G':'--.', 'H':'....',
        'I':'..', 'J':'.---', 'K':'-.-', 'L':'.-..',
        'M':'--', 'N':'-.', 'O':'---', 'P':'.--.',
        'Q':'--.-', 'R':'.-.', 'S':'...', 'T':'-',
        'U':'..-', 'V':'...-', 'W':'.--', 'X':'-..-',
        'Y':'-.--', 'Z':'--..'}
while True :
   morse_code = ''
   word = input('대문자 단어 입력(종료:0) ')
   if word == '0' :
      break
   for ch in word :
      morse_code += morse_dict[ch]
      morse_code += '  '
   print(f'단어: {word}, 모스 코드:  {morse_code}\n')
print('모스 부호 변환 프로그램 종료')
```

실행결과

```
대문자 단어 입력(종료:0) APPLE
단어: APPLE , 모스 코드:  .-  .--.  .--.  .-..  .

대문자 단어 입력(종료:0) 0
모스 부호 변환 프로그램 종료
```

도전문제

1. 다음은 컴퓨터가 생성한 두 자리 정수 덧셈 문제에 대한 정답을 사용자로부터 입력받아 '정답' 또는 '오답'을 출력하고 정답, 오답 시 점수를 계산한 후 출력하는 프로그램입니다. 다음 프로그램의 실행결과를 보고 빈 곳에 알맞은 답을 예측해 보시오.

```
import random

print('덧셈 게임')
______________________
while True:
    s=input('시작:아무키나,종료:0 ')
    if s=='0':break
    n1=random.______________________
    n2=random.______________________
    print(f'{n1} + {n2} = ')
    ans=int(input('answer:'))
    if______________________:
        print('정답')
        score +=10
    else:
        print('오답')
        score -=5

print(f'score : {score}')
```

실행결과

```
덧셈 게임
시작:아무키나,종료:0
62 + 36 =
answer:98
정답
시작:아무키나,종료:0
51 + 22 =
answer:73
정답
시작:아무키나,종료:0
69 + 84 =
answer:144
```

```
오답
시작:아무키나,종료:0 0
score :  15
```

2. 다음은 코딩 시험을 5회 응시한 점수를 입력받아 리스트에 저장하고 총점과 평균을 출력하는 프로그램입니다. 다음 프로그램의 실행결과를 보고 빈 곳에 알맞은 답을 예측해 보시오.

```
score=[]
total=0
for i in range(5):
   s=int(input('score : '))
   ______________________

for i in score:
   ______________________

avg=______________________

print('total :',total)
print('avg :',avg)
```

실행결과

```
>>>
score : 100
score : 100
score : 100
score : 100
score : 100
total : 500
avg : 100.0
```

3. 다음은 특정 상품에 대한 가격 5개를 사용자에게 입력받아 리스트에 저장한 후 리스트 요소에서 최저 가격을 찾아서 출력하는 프로그램입니다. 다음 프로그램의 실행결과를 보고 빈 곳에 알맞은 답을 예측해 보시오(상품의 가격은 10,000~20,000).

```
price=[]

for i in range(5):
    p=int(input('price : '))
    price.append(p)

m=price[0]

for i in range(1,5):
    [                    ]

print('min :',m)
```

실행결과

```
price : 12000
price : 10000
price : 15000
price : 17000
price : 20000
min : 10000
```

4. 스마트폰에서 친구를 등록하고, 친구를 이름으로 검색한 후 연락처를 출력하는 프로그램을 작성하시오. 실행결과를 참고하여 문제를 해결하시오.

조건
1. 선택 메뉴: 1) 친구 등록 2) 검색 3) 종료
2. 딕셔너리 자료 구조 사용
3. 새로운 친구를 등록합니다.
4. 찾는 친구가 있으면 연락처를 출력하고 없으면 에러 메시지를 출력합니다.

실행결과

```
1) 친구 등록 2) 검색 3) 종료 : 1
name : 장은실
phone : 010-0000-0000
1) 친구 등록 2) 검색 3) 종료 : 1
namc : 오경선
phone : 010-0000-0000
1) 친구 등록 2) 검색 3) 종료 : 2
name : 장은실
010-0000-0000
1) 친구 등록 2) 검색 3) 종료 : 2
name : 양수히
not Found
1) 친구 등록 2) 검색 3) 종료 : 3
```

5. 사용자로부터 암호를 입력받아 인증 처리하는 프로그램을 작성하시오. 실행결과를 참고하여 문제를 해결하시오.

조건 1. 사용자로부터 암호를 입력받고 암호가 맞으면 '환영합니다.' 메시지를 출력하고 프로그램을 종료합니다.

2. 틀린 암호가 입력되면 "암호가 틀립니다." 메시지를 출력하고 다시 입력받습니다.

3. 사용자가 암호를 3번 잘못 입력하면 "접속을 거부합니다."라는 메시지를 출력하고 프로그램을 종료합니다(암호는 admin).

· 변수명: 암호(pw), 시도횟수(cnt)

실행결과

```
패스워드 입력 : aa
암호가 틀립니다.
패스워드 입력 : ad
암호가 틀립니다.
패스워드 입력 : admin
환영합니다.
프로그램 종료
```

실행결과

```
패스워드 입력 : a
암호가 틀립니다.
패스워드 입력 : ab
암호가 틀립니다.
패스워드 입력 : abc
암호가 틀립니다.
시도횟수초과
프로그램 종료
```

6. 다음은 행운의 로또 복권 추첨 프로그램의 일부분입니다. 로또 번호는 1~45 숫자 중 총 6개의 중복되지 않은 숫자로 구성됩니다. 코드의 빈 곳을 채우시오.

```
import random

lotto=set()
print('로또 프로그램 시작')

while True:

    [                                        ]

print('추첨된 로또 번호')
lotto=list(lotto)
lotto.sort()

print(lotto)
```

실행결과

```
로또 프로그램 시작
추첨된 로또 번호
[3, 10, 29, 31, 32, 38]
```

Chapter 09

함수

학습목표

★ 함수를 정의하고 사용하는 방법을 익혀 함수를 정의할 수 있습니다.

★ 매개변수와 반환값의 개념을 파악하고 함수 내에서의 변수를 활용할 수 있습니다.

★ 전역 변수와 지역 변수의 차이를 이해하고, 전역 변수를 함수 내에서 사용하여 프로그램을 작성할 수 있습니다.

★ 재귀함수의 원리를 이해하고 사용방법을 익혀 프로그램을 작성할 수 있습니다.

CHAPTER

09 함수

9.1 함수란?

(1) 함수의 이해

프로그래밍과 관련하여 함수는 특정한 작업을 위해 서로 관련되어 있는 일련의 명령문입니다. 함수를 정의할 때 이름을 지정하고, 그 함수가 수행할 일을 위해 순서대로 명령문을 작성합니다.

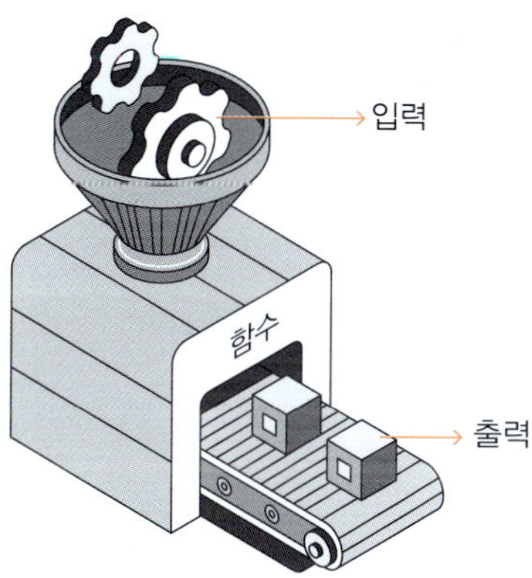

함수는 입력을 받아서 처리한 후에 출력하는 '블랙박스' 상자와 같습니다.

그림 9.1

함수를 사용하는 이유는 무엇일까요? 함수를 사용하는 이유는 다음과 같습니다.

첫째, 프로그램에서 좋은 코드란 중복성이 없는 코드를 말합니다. 중복된 코드는 여러 번 사용한다는 것을 의미하기도 합니다. 이 때, 중복된 코드를 별도로 분류하여 함수로 만들게 되면 코드의 양을 줄일 수 있고, 이로 인해서 가독성이 좋아집니다.

둘째, 간결해진 코드는 전체의 기능을 이해하기에 수월합니다.

셋째, 프로그램의 흐름을 파악하기 쉽기 때문에 관리하기 쉽습니다.

넷째, 중요한 기능만 함수로 정의해 두면 이를 필요로 하는 프로그램이나 다른 프로그래머에게 재사용이 가능하여 매우 효율적으로 사용할 수 있습니다.

이러한 함수는 새로운 개념이 아닙니다. 이미 우리는 많은 함수를 사용해 파이썬 코드를 작성했습니다. 표준 출력함수 print(), 표준 입력함수 input(), 데이터 타입을 확인하는 type(), 길이를 반환해 주는 len(), 리스트나 특정 변수를 삭제하는 del(), 데이터 구조를 초기에 생성할 때 사용하는 list(), 범위를 지정하는 range() 등을 사용해 왔습니다. 이러한 함수는 프로그램에 포함시켜 제공하는 것으로 내장함수라고 합니다. 또한 사용자가 필요에 의해 함수를 직접 만들어서 사용할 수 있습니다. 이것을 사용자 정의 함수라고 합니다.

(2) 함수의 사용

함수를 정의하면 함수를 호출하여 사용합니다. 이 과정을 type()의 예로 살펴봅시다. type()은 내장함수라서 따로 만들 필요는 없고 호출만 하면 됩니다.

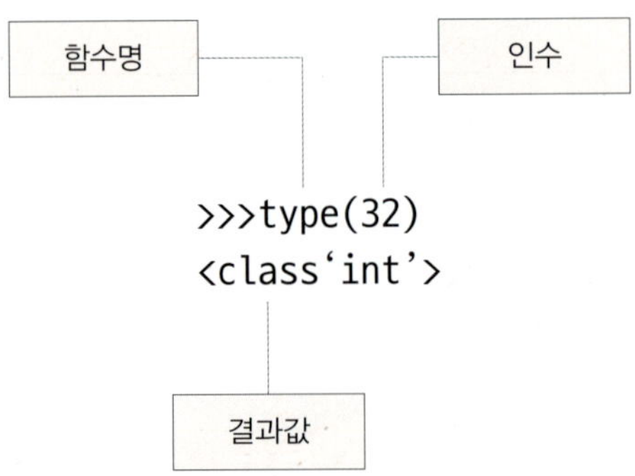

위에서 살펴본 함수의 이름은 type입니다. 괄호 안의 값(32)을 인수라고 합니다. 인수는 함수에 대한 입력으로 함수에 전달하는 값 또는 변수입니다. type()의 호출 결과는 인수의 자료형 타입이라는 것을 알 수 있습니다. 이처럼 함수가 인수를 취하고, 결과를 돌려주기 때문에 반환한다고 말하는 것이 일반적입니다. 여기서 결과로 돌려받는 값을 반환값(return value)이라고 부릅니다.

중간 점검

1. 내장함수는 사용자가 필요에 의해 함수를 직접 만드는 것입니다. (O/X)

[답] X

2. 함수는 특정한 작업을 위해 서로 관련되어 있는 일련의 명령문입니다. (O/X)

[답] O

9.2 함수 만들기

프로그램에서 제공되지 않지만, 사용자가 함수를 만들어서 사용할 수 있습니다. 함수는 def 예약어에 함수 이름을 지정하고 ()(괄호)와 :(콜론)을 붙인 뒤 다음 줄에 원하는 명령문을 작성합니다.

함수 기본 형식

```
def 함수 이름(매개변수) :
        명령문1
        ...
        return 반환값
함수 이름(인수) # 함수 호출
```

함수를 사용하려면 함수를 먼저 만들고 나서 사용해야 합니다. 만들어진 함수를 불러서 사용하는 것을 호출이라고 합니다. 함수를 정의하고 호출하는 순서는 다음과 같습니다.

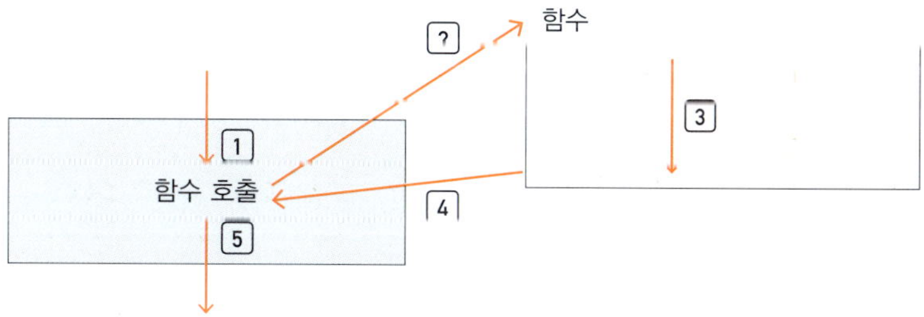

그림 9.2

중간 점검

1. 다음 코드를 실행하면 오류가 발생하는 이유는 무엇인가?

```
a()
def a():
    print('Hi')
```

[답] 함수 호출을 함수 정의보다 먼저 했기 때문에 오류가 발생합니다.

2. 다음 실행결과는 무엇인가?

```
print(1)
def message() :
    print(2)
print(3)
message()
```

[답] 1
3
2

(1) 함수 이름(Function Name)

함수를 사용할 때 사용하는 이름입니다. 함수 이름은 변수에서 이름을 정의했던 것과 규칙이 같습니다. 또한 함수의 기능을 설명하는 동사 또는 명사+동사를 사용하여 직관적으로 이해가 가능한 이름으로 작성하는 것이 좋습니다.

함수 이름을 output()으로 하여 'python'을 출력하는 함수를 만들면 다음과 같습니다.

함수 이름 작성 예

```
def output( ) :
    print('python')
    ...
```

(2) 매개변수(Parameter)

인수(Argument)는 함수를 호출할 때 함수로 전달하는 값입니다. 인수가 필요하지 않은 경우 함수 이름 뒤에 빈 괄호를 사용합니다. 그러나 인수가 있다면 임시로 저장할 매개변수가 필요합니다. 전달받는 인수가 여러 개일 경우, 그에 맞게 여러 개의 매개변수를 정의해야 합니다. 이러한 매개변수는 함수 내부에서만 사용 가능합니다.

매개변수 0개

```
def output() :
    print('python')
output()
```

매개변수 1개

```
def output(s) :
    print(s)
output('python')
```

매개변수 2개

```
def output(s1,s2) :
    print(s1+s2)
output('python','A')
```

매개변수는 일반 매개변수, 기본 매개변수, 가변 매개변수, 키워드 매개변수가 있습니다.

① 일반 매개변수

매개변수명으로 값을 전달받는 형태가 일반 매개변수입니다.

일반 매개변수가 있는 함수 구조

```
def 함수 이름(매개변수1, 매개변수2) :
    명령문1
    ...
```

일반 매개변수로 두 수를 전달받아 덧셈을 출력하는 함수를 만들면 다음과 같습니다.

예제 9.1 매개변수가 있는 함수 사용 예

```
def add(x, y) :
    print(x+y)
add(11,12)
```

실행결과

```
23
```

이러한 일반 매개변수는 인수보다 많거나 적으면 오류가 발생합니다.

예제 9.2 **인수 개수>매개변수 개수**

```
def add(x, y) :
   print(x+y)
add(10,11,11)
```

실행결과

```
Traceback (most recent call last):
  File "<pyshell#3>", line 1, in <module>
    add(10,11,11)
TypeError: add() takes 2 positional arguments but 3 were given
```

② 기본 매개변수

위와 같은 오류가 발생하지 않도록 기본 매개변수를 사용합니다. 기본 매개변수는 '매개변수=값' 형태로 매개변수에 값이 전달되지 않는 경우 매개변수에 들어가는 기본값을 사용합니다.

기본 매개변수가 있는 함수 구조

```
def 함수 이름(매개변수, 매개변수,….,매개변수=값):
   명령문1
   ...
```

기본 매개변수를 이용하여 'python'을 여러 번 출력하는 함수를 만들어 사용하면 다음과 같습니다.

예제 9.3 **기본 매개변수 사용 예**

```
def print_n(value,n=2):
   for i in range(n):
      print(value)
print_n('python')
```

실행결과

```
python
python
```

③ 가변 매개변수

이외에도 print() 함수와 같이 매개변수에 원하는 값을 전달받을 수 있는 함수를 '가변 매개함수'라 합니다. 가변 매개변수 뒤에는 일반 매개변수가 올 수 없고 가변 매개변수는 하나만 사용이 가능합니다.

가변 매개변수가 있는 함수 구조

```
def 함수 이름(매개변수, 매개변수, ….,*매개변수):
    명령문1
    ...
```

가변 매개변수를 사용하여 'pytnon'과 'love'를 출력하는 함수를 만들어 사용하면 다음과 같습니다.

예제 9.4 가변 매개변수 예1

```
def print_n(n,*value):
  print(value*n)
print_n(2,'python','love')
```

실행결과

```
('python', 'love', 'python', 'love')
```

예제 9.5 가변 매개변수 예2

```
def print_n(*value):
  print(value)
print_n('python','love')
```

실행결과

```
('python', 'love')
```

④ 키워드 매개변수

키워드 매개변수는 가변 매개변수와 기본 매개변수를 함께 사용하는 방법입니다. 함수에서 가변 매개변수를 앞에 두고, 뒤에 기본 매개변수들이 들어가는 형태입니다. 기본 매개변수의 값을 사용하지 않을 때는 함수 호출 시 매개변수의 이름을 직접 지정해서 값을 입력합니다.

키워드 매개변수가 있는 함수 구조

```
def 함수 이름(*매개변수1, 매개변수2=값):
    명령문1
    ...
```

키워드 매개변수를 사용하여 'python'과 'love'를 출력하는 함수를 만들어 사용하면 다음과 같습니다.

예제 9.6 키워드 매개변수 예1

```
def print_n(*value,n=2):
  print(value*n)
print_n('python','love')
```

실행결과

```
('python', 'love', 'python', 'love')
```

예제 9.7 키워드 매개변수 예2

```
def print_n(*value,n=2):
  print(value*n)
print_n('python','love',n=1)
```

실행결과

```
('python', 'love')
```

중간 점검

1. 매개변수(parameter)는 인수를 전달받아 함수에서 사용하기 위해 전달받은 값을 임시로 저장하는 변수입니다. (O/X)

[답] O

2. 다음의 실행결과는 무엇인가?

```
def a(x,y):
  print(x)
print_n('test',3)
```

[답] 'test'

(3) 반환값(return value)

함수가 작업을 마친 후 호출한 곳으로 결과값을 돌려주는 것을 반환값(리턴값)이라고 합니다. 모든 함수에서 반환값이 존재하지는 않습니다. return 명령어는 함수를 종료하고 함수를 실행했던 위치로 돌아가라는 뜻입니다. 반환값이 있는 함수는 return 명령어를 사용하여 결과값을 가지고 함수를 호출했던 위치로 돌아갑니다.

반환값이 있는 함수의 구조

```
def 함수 이름(매개변수1, 매개변수2) :
    ...
    return 값
```

두 수의 덧셈 결과를 반환하는 함수를 작성하면 다음과 같습니다.

예제 9.8 반환값이 있는 함수 사용 예

```
def add(x, y) :
    return x+y
save=add(10,11)
print(save)
```

실행결과

```
21
```

만약 함수에서 값을 여러 개 반환해야 하는 경우는 return에 값 또는 변수를 콤마(,)로 구분하여 작성합니다.

여러 개의 반환값이 있는 함수 구조

```
def 함수 이름(매개변수1, 매개변수2) :
    명령문1
    ...
    return 값1, 값2
```

이것을 이용하여 두 수의 합과 곱을 반환하는 함수를 작성하면 사용하면 다음과 같습니다.

예제 9.9 여러 개의 리턴값이 있는 함수 사용 예

```
def add(x, y) :
    return x+y, x*y
save1,save2=add(10,11)
print(save1,save2)
```

실행결과

```
21 110
```

합과 곱의 결과 값은 호출된 위치로 전달되기 때문에 두 개의 변수에 저장하여 사용할 수 있습니다.

중간 점검

1. 모든 함수에서는 반환값이 존재하지는 않습니다. (O/X)

[답] O

2. 다음의 실행결과는 무엇인가?

```
def add(a) :
   print(a*3)
add(1)
print(a*2)
```

[답] 에러가 발생함(매개변수는 함수 안에서만 사용이 가능함)

9.3 전역변수(Global variable)를 활용한 함수

여러 함수에서 값을 공유할 때, 전역변수를 사용하여 작성할 수 있습니다. 전역변수란 함수 외부에서 선언된 변수로, 프로그램 전체에서 공동으로 사용할 수 있는 변수를 의미합니다. 전역변수는 모든 함수에서 사용할 수 있습니다.

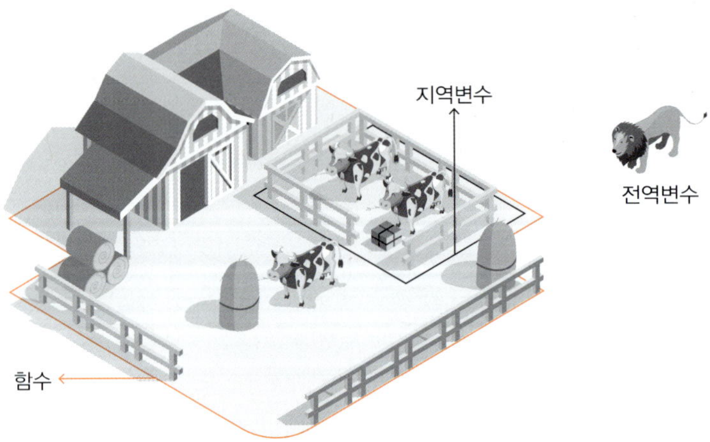

이러한 전역변수는 프로그램이 종료될 때까지 사용이 가능합니다. 함수에서 전역변수를 사용하면 함수 간에 공통된 상태를 유지할 수 있어, 값을 전달할 필요 없이 사용이 가능합니다. 하지만 전역변수를 너무 많이 사용하면 코드가 복잡해지고, 유지 보수가 어려워져 필요한 경우에만 신중히 사용해야 합니다.

전역변수를 사용하는 함수 구조

```
전역변수1=값
def 함수 이름() :
    전역변수1 사용
    ...
```

예제 9.10 전역변수를 사용하는 함수 예

```
x = 10 # 전역 변수 선언
def test():
  print(x) # 전역 변수 출력

test()
```

실행결과

```
10
```

만약 함수에서 전역변수에 접근하여 값을 변경하려면 global 명령어를 사용해야 합니다. 그렇지 않으면 함수 안에서만 사용 가능한 동일한 이름의 변수를 새로 정의하는 것으로 인식됩니다.

전역변수를 변경하는 함수 구조

```
전역변수1=값
def 함수 이름() :
    global 전역변수1
    전역변수1 변경
    ...
```

하나의 함수에서 전역변수를 사용하여 결과를 출력하는 한수를 만들어 사용하면 다음과 같습니다

예제 9.11 전역변수를 사용하는 함수 예

```
count = 0 # 전역변수 선언
def incremn():
    global count
    count += 10 # 전역변수 count 수정

increment()  # 함수 호출
print(count)
```

실행결과

```
10
```

중간 점검

1. 전역변수를 함수 내부에서 수정하려면 global 키워드를 반드시 사용해야 합니다. (O/X)

[답] O

2. 함수 내부에서 전역변수를 수정하지 않고 참조만 할 때도 global 키워드를 사용해야 합니다. (O/X)

[답] X

9.4 재귀함수(Recursive function)

재귀함수란 자기 자신을 호출하는 함수를 말합니다. 즉, 함수 내부에서 다시 그 함수 자체를 호출하여 반복적인 작업을 수행하는 방식입니다. 재귀함수는 일반적으로 문제를 더 작은 단위로 분해하여 해결하는 데 사용되며, 이 과정을 통해 복잡한 문제를 간결하게 표현할 수 있습니다.

재귀함수는 주로 반복적이거나 분할 정복 방식으로 문제를 해결할 때 유용합니다. 특히, 문제를 작은 단위로 나누어 해결하는 경우, 재귀함수는 코드의 가독성을 높이고, 문제 해결 과정을 직관적으로 표현할 수 있습니다. 예를 들어, 팩토리얼 계산, 피보나치 수열 생성, 이진 탐색 트리 순회, 하노이의 탑 문제 등에서 재귀가 널리 사용됩니다. 재귀함수는 문제의 반복적인 패턴을 함수 호출로 표현할 수 있기 때문에, 코드의 길이를 줄이고, 구조를 단순화할 수 있습니다. 특히, 같은 구조의 함수를 사용하고 있다면 재귀함수로 정의할 수 있습니다.

재귀함수는 함수 내부에서 자기 자신을 호출하는 구조로 되어 있습니다. 주요 구성 요소로는 종료 조건(재귀 호출을 멈추는 조건)과 재귀 호출(자기 자신을 호출하는 부분)이 있습니다.

재귀함수 구조

```
def 함수 이름(매개변수):
    if 종료 조건:
        return 종료 값
    else:
      return 자기 자신을 호출(매개변수 수정)
```

실행결과

```
10
```

재귀함수를 작성할 때 종료 조건을 설정하는 것은 중요합니다. 종료 조건이 없으면 함수가 계속해서 자기 자신을 호출하게 되어 무한 루프에 빠지므로, 반드시 재귀 호출을 멈출 조건을 명확히 정의해야 합니다.

피보나치 수열을 재귀함수로 어떻게 만들 수 있을까요?

피보나치 수열은 첫 번째와 두 번째 항이 주어지며, 이후의 항은 앞의 두 수를 더한 값으로 이루어지는 수열입니다. f(n)을 n번째 피보나치 수라고 할 때, f(n) = f(n-2) + f(n-1)로 정의됩니다.

```
초기값
f(1) = 0
f(2) = 1
```

따라서 피보나치 수열은 다음과 같습니다.

```
0, 1, 1, 2, 3, 5, 8, 13, 21, 34, 55...
```

재귀함수를 사용하여 피보나치 수열을 계산하는 함수를 만들면 다음과 같습니다.

예제 9.12 피보나치 수열 재귀함수

```
def fibonacci(n):
    if n == 1:
        return 0  # f(1)의 값은 0
    elif n == 2:
        return 1  # f(2)의 값은 1
    else:
        return fibonacci(n - 1) + fibonacci(n - 2)  # 재귀 호출
```

만약 fibonacci(5)를 호출한다면 다음과 같이 여러 단계로 진행됩니다.

▶ fibonacci(5)는 fibonacci(4) + fibonacci(3)을 반환하므로 다시 두 개의 재귀 호출을 수행합니다.

▶ fibonacci(4)는 fibonacci(3) + fibonacci(2)를 반환하므로 다시 두 개의 재귀 호출을 수행합니다.

▶ fibonacci(3)은 fibonacci(2) + fibonacci(1)을 반환하므로 다시 두 개의 재귀 호출을 수행합니다.

▶ fibonacci(2)는 기본값으로 1을 반환하고, fibonacci(1)은 0을 반환합니다.

이렇게 재귀 호출된 값들을 모두 더하여 결과를 계산합니다.

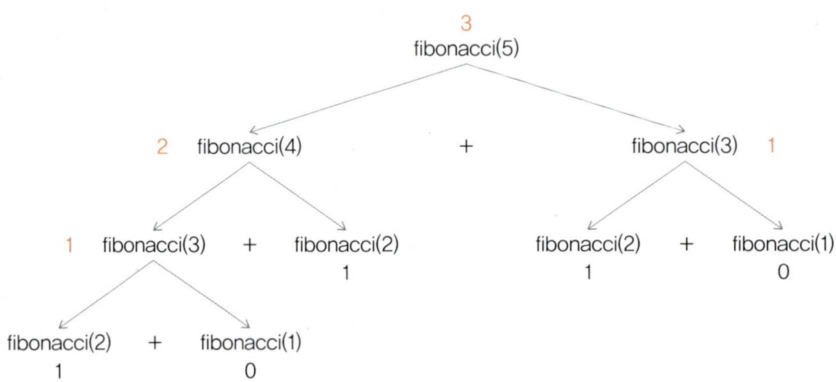

중간 점검

1. 재귀함수는 함수 내부에서 자기 자신을 호출하는 구조를 가지고 있습니다. (O/X)

[답] O

2. 재귀함수에서 종료 조건을 설정하지 않아도 함수가 정상적으로 작동합니다. (O/X)

[답] X

요약(SUMMARY)

9.1 함수란?

함수는 특정 작업을 수행하는 명령문의 집합으로 중복된 코드를 줄이고 가독성을 높이며, 프로그램의 흐름을 쉽게 관리할 수 있습니다. 파이썬에는 내장 함수(예: print(), len())가 제공되며, 사용자는 직접 함수를 정의하여 사용할 수 있습니다.

9.2 함수 만들기

def 키워드를 사용하여 함수를 정의하며, 매개변수를 통해 입력을 받아 처리할 수 있습니다. 매개변수는 일반 매개변수, 기본 매개변수, 가변 매개변수로 나눕니다. 가변 매개변수는 값을 유동적으로 받을 수 있습니다. 반환값은 return을 사용해 호출한 곳으로 돌려줄 수 있으며, 여러 개의 값을 반환할 수도 있습니다.

9.3 전역변수(Global Variable)를 활용한 함수

전역변수는 함수 외부에서 선언된 변수로 프로그램 전체에서 사용할 수 있습니다. 함수 내에서 전역 변수를 수정하려면 global 키워드를 사용해야 하며, 너무 많이 사용하면 코드가 복잡해질 수 있습니다.

9.4 재귀함수(Recursive Function)

재귀함수는 함수 내부에서 자기 자신을 호출하는 구조로 문제를 작은 단위로 분할하여 해결하는 데 유용합니다. 종료 조건을 명확히 정의해야 하며, 종료 조건이 없으면 무한 루프에 빠질 수 있습니다. 피보나치 수열, 팩토리얼 계산 등의 문제에서 자주 사용됩니다.

연습문제

객관식

1. 파이썬에서 함수를 정의할 때 사용하는 키워드는 무엇인가?

① define　② def

③ function　④ create

2. 함수에서 매개변수를 사용할 때, 함수 정의에서 * 매개변수는 무엇을 의미하는가?

① 하나의 필수 매개변수　② 가변 매개변수

③ 키워드 매개변수　④ 함수 반환값

3. 다음 코드의 실행결과로 무엇을 출력하는가?

```
def add(x, y=5):
    return x + y
print(add(10))
```

① 10　② 15

③ 5　④ 오류 발생

4. 다음 중 재귀함수의 기본 구조에서 반드시 포함되어야 하는 요소는 무엇인가?

① 변수 선언　② 반복문

③ 종료 조건과 재귀 호출　④ 전역변수

O/X형

5. 함수의 반환값이 없으면 return을 생략할 수 있다. (O/X)

6. 파이썬에서 함수의 이름은 숫자로 시작할 수 있다. (O/X)

7. 함수 내부에서 정의된 변수는 함수 외부에서 접근할 수 있다. (O/X)

단답형

8. 함수 내부에서 값을 반환하기 위해 사용하는 명령어는 무엇인가?

9. 함수 내부에서 전역변수를 수정하기 위해 사용하는 키워드는 무엇인가?

10. 다음 코드의 실행결과로 출력되는 값은 무엇인가?

```
def func(x, y=10):
    return x + y
print(func(3, 5))
```

실습문제

1. 다음 코드의 실행결과는 무엇인가?

```
x = 5
a('Hello')

def a():
   print(1)
   print(2)

print('Yo')
x = x + 2
print(x)
```

실행결과

```
>>>
```

2. 다음 코드의 실행결과는 무엇인가?

```
def test(a,b=10,c=50):
  print(a+b+c)
test(1,2,3)
test(1,c=20)
test(a=1,b=3,c=1)
```

실행결과

```
>>>
```

3. 다음 파이썬 코드는 두 개의 문자열을 각각 입력받아 연결하는 반환값 없는 형태의 함수를 이용한 프로그램이다. 반환값이 있는 형태로 수정하시오.

```
def concate(s1,s2):
    print(s1+s2)
str1=input("1'st 문장입력:")
str2=input("2'st 문장입력:")
concate(str1,str2)
```

반환값 있는 형태로 수정

도전문제

1. 다음 밑줄 친 곳을 채워 두 수를 입력받아 곱셈, 덧셈을 계산하는 프로그램을 완성하시오.

```
num1=int(input('num1: '))
num2=int(input('num2: '))
def add_mul():
  ______________________
  return num1+num2, num1-num2
x,y=add_mul()
print(x,y)
```

실행결과

```
num1: 19 Enter
num2: 20 Enter
39 -1
```

2. 다음의 실행결과를 보고 밑줄 친 곳에 알맞게 매개변수를 채워보시오.

```
def test ____________:
  print(a*n)
test(10)
```

실행결과

```
20
```

3. 다음 코드는 정수를 입력받아 짝수인지 홀수인지 출력하는 프로그램이다. 조건에 맞게 짝수인지 홀수인지 판별하는 부분을 함수로 구현해서 프로그램을 수정해 보시오.

조건 함수명: check, 매개변수: x, 리턴값 있음

변경 전	변경 후

`n=int(input('num: '))`
`if n % 2 == 0:`
`    result= 'Even'`
`else:`
`    result= 'Odd'`
`print(result)`
	(빈칸)
	`n=int(input('num: '))`
	`print(check(n))`

실행결과

```
num: 30 [Enter]
Even
```

4. 문자열을 입력받아 대문자로 변환하는 함수를 만들어 프로그램을 완성하시오.

조건 문자열을 대문자로 변환하는 함수: 문자열.upper()
함수명: up, 매개변수: s, 리턴값 있음

```
s=input('word ')
print(check(n))
```

실행결과

```
word: apple [Enter]
APPLE
```

5. 함수를 만들어 기존에 있는 비밀번호를 변경하는 프로그램을 완성하시오.

조건 함수명: update_pwd, 매개변수: x, 리턴값 없음

```
pwd = 'happy'

new=input('new pwd: ')
update_pwd(new)
print(pwd)
```

실행결과

```
new pwd: hello [Enter]
hello
```

6. 숫자 하나를 입력하면 3 또는 6 또는 9의 개수만큼 '짝'을 출력하는 프로그램을 완성하시오.

조건 함수명: cucount_369, 매개변수: x 리턴값: 있음
기능: 입력받은 값에서 3 또는 6 또는 9의 개수 계산

```
# 사용자로부터 숫자를 문자열로 입력받음
num = input("숫자를 입력하세요: ")
total=count_369(num)
print('짝'*total)
```

실행결과

```
new pwd: 456 [Enter]
짝
```

7. 4과목의 점수를 입력받아 함수에서 등급을 판별하여 출력하는 프로그램을 만들어 보시오.

학점 등급 90점 이상: A, 80점 이상~89점 이하: B
70점 이상~79점 이하: C, 60점 이상~69점 이하: D
60점 미만: F

조건 90점 이상: A, 80점 이상~89점 이하: B
70점 이상~79점 이하: C, 60점 이상~69점 이하: D
60점 미만: F

프로그램 실행 흐름 input_score() 함수를 통해 4과목의 점수를 입력받은 후, grade() 함수에서 각 과목의 점수에 맞는 등급을 출력한다.

```
subjects = ['a','b','c','d'] # 과목명
scores = {} # 과목별 점수 저장 딕셔너리

# 점수를 입력받아 등급을 판별하는 함수
def grade( ):

# 각 과목별로 점수를 입력받아 저장하는 함수
def input_score():

# 프로그램 실행
input_score()
grade( )
```

실행결과

```
a: 50 [Enter]
b: 67 [Enter]
c: 80 [Enter]
d: 100 [Enter]
a:F
b:D
c:B
d:A
```

8. 다음은 주어진 조건에 따라 영어 단어와 그 뜻을 맞추는 퀴즈 프로그램입니다. 이 프로그램은 사용자가 영어 단어의 뜻을 맞추면 점수를 더하고, 틀리면 점수를 깎은 후 최종 점수를 출력합니다.

조건
- vocab: 5개의 영어 단어와 뜻을 딕셔너리로 정의한다.
- check_answer 함수: 사용자가 입력한 답이 맞았는지 틀렸는지 판별하고 점수를 계산한다(맞으면 +10, 틀리면 −10).
- quiz 함수: quiz 함수는 퀴즈를 진행하는 메인 함수로 각 단어에 대해 사용자의 답을 입력받고 check_answer 함수를 호출한다.
- 최종 점수 출력: 모든 퀴즈가 끝나면 총점을 출력한다.

```
# 영어 단어와 그 뜻을 저장한 딕셔너리
vocab = {
   "apple": "사과",
   "banana": "바나나",
   "cat": "고양이",
   "dog": "개",
   "elephant": "코끼리"
}
total=0 # 점수 초기화

# 점수를 계산하는 함수
def check_answer(word, answer):
   
# 퀴즈메인 함수
def quiz():
   
quiz() # 퀴즈 시작
print(f'total score: {total}') # 점수 출력
```

실행결과

```
apple: 사과
Correct!
banana: 바나나
Correct!
cat: 고양이
Correct!
dog: 개
Correct!
elephant: 코끼리
Correct!
total score: 50
```

Chapter

파일 입·출력

학습목표

★ 파일 입출력의 기본 개념과 과정을 이해할 수 있습니다.

★ 텍스트 파일의 내용을 읽고 쓰는 다양한 방법을 이해할 수 있습니다.

★ 파일 오류 처리의 필요성을 이해하고 활용할 수 있습니다.

★ 파일 입출력을 활용하여 다양한 문제를 해결할 수 있습니다.

CHAPTER

10 파일 입·출력

지금까지 대표적인 입력 함수 input() 함수를 통해 사용자로부터 입력받고 출력 함수 print() 함수를 통해 화면에 글자를 출력해 왔습니다. 하지만 입 • 출력 데이터가 클 때는 변수에 데이터를 저장하는 것은 한계가 있으며, 변수에 저장한 데이터는 프로그램 실행 중일 때만 값을 보관하기 때문에 처리한 결과값을 영구적으로 저장하고 불러오기 위해서는 보조기억장치(하드디스크, usb 등) 공간에 파일로 저장해야 합니다. 10장에서는 보조기억장치로부터 파일을 읽고 쓰는 다양한 방법들을 살펴보도록 하겠습니다.

10.1 파일 입 • 출력의 기본

(1) 파일의 개념

실행 중인 프로그램이 종료되면 처리한 결과값은 메모리에서 사라지기 때문에 모든 데이터는 더 이상 사용할 수가 없습니다. 따라서 프로그램을 실행하는 도중에 데이터를 영구적으로 저장하고 싶다면 보조기억장치(하드디스크)에 파일 형태로 저장해야 합니다.

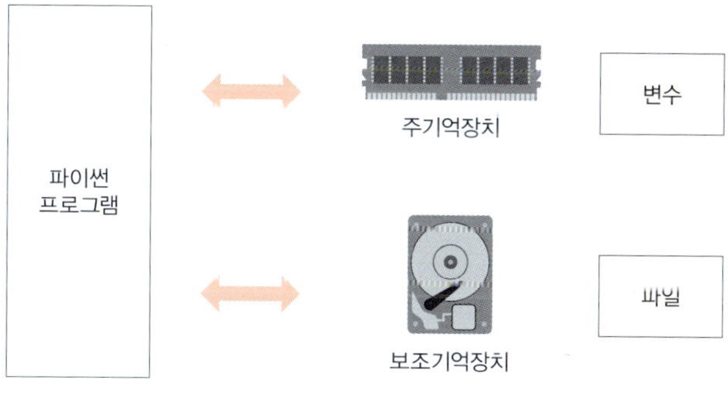

파일에는 다음과 같이 2가지 종류가 있습니다.

- 텍스트 파일(text file)
- 이진 파일(binary file)

텍스트 파일은 사람이 읽을 수 있는 텍스트가 들어 있는 파일의 형태로 텍스트 파일은 연속적인 줄로 구성되며, 각 줄의 끝을 알리는 줄바꿈 문자('\n')로 종료되며, 메모장으로 작성한 파일이 가장 대표적인 텍스트 파일입니다.

이진 파일은 컴퓨터가 읽을 수 있는 파일로 이진(0과 1) 데이터가 직접 저장되어 있는 파일이며, 사운드 파일이나 이미지 파일 등이 가장 대표적인 이진 파일입니다.

(2) 파일 입 • 출력 기본 과정

파일에 저장된 데이터를 읽고 처리하는 방법은 제일 먼저 사용하려는 파일을 open( ) 함수를 통해 열어야 합니다. 파일이 열리면 파일에 있는 데이터를 읽거나 쓸 수 있습니다. 그리고 파일과 관련된 작업이 모두 종료되면 파일을 close( ) 함수를 통해 닫아주는 것이 좋습니다. 왜냐하면 쓰기 모드로 열었던 파일을 닫지 않고 다시 사용하려고 하면 오류가 발생하기 때문입니다.

파일 열기
· open() 함수 사용

→

파일 입출력
· 읽기: read(), readline(), readlines()
· 쓰기: write(), writelines()

→

파일 닫기
· close() 함수 사용

중간 점검

1. (__________)은 사람이 읽을 수 있는 텍스트가 들어 있는 파일의 형태입니다.

[답] 텍스트 파일

2. (__________)은 컴퓨터가 읽을 수 있는 파일로 이진(0과 1) 데이터가 직접 저장되어 있는 파일입니다.

[답] 이진 파일

10.2 텍스트 파일 읽고 쓰기

(1) 파일 열기

현재 디렉토리(파이썬 파일이 저장된 위치)에 있는 파일을 엽니다. 파일을 생성하기 위해 파이썬 내장 함수 open()을 사용하며, open() 함수는 다음과 같이 "파일 이름"과 "파일 열기 모드"를 입력값으로 받고 결과값으로 파일 객체를 반환합니다.

```
파일 객체 = open(파일명, 파일 열기 모드)
읽기: 변수명 = open('파일명', 'r')
쓰기: 변수명 = open('파일명', 'w')
```

■ **파일 열기 모드**

종류	설명
r	읽기 모드(read), 기본값
w	쓰기 모드(write)
a	추가 모드(append)

파일 읽기(r) 모드는 파일을 읽기만 할 때 사용 가능하며, 생략이 가능합니다. 파일을 쓰기 모드(w)로 열게 되면 해당 파일이 이미 존재할 경우 원래 있던 내용은 모두 사라지고, 해당 파일이 존재하지 않으면 새로운 파일이 현재 디렉토리에 생성됩니다. 파일을 추가 모드(a)로 열게 되면 기존 파일 뒤에 내용을 추가합니다.

(2) 텍스트 파일 읽기

파이썬에서 외부의 파일을 읽어서 프로그램에서 사용할 수 있는 방법은 여러 가지 방법이 있습니다. 데이터 읽기를 실행하려면 텍스트 파일이 필요합니다. 다음과 같이 현재 디렉토리에 메모장을 이용하여 'name.txt' 파일을 생성하여 여러 가지로 방법으로 파일 내용을 읽어서 출력해 봅시다.

name.txt

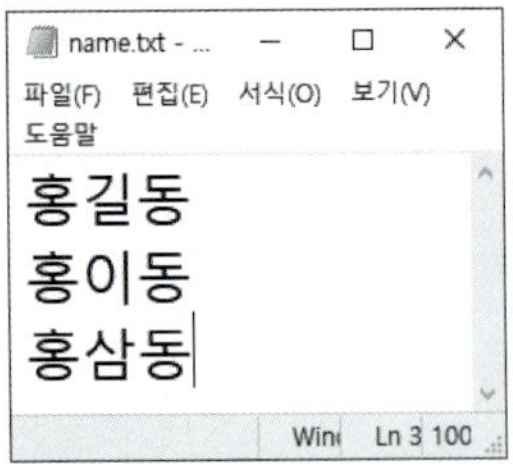

예제 10.1 파일 읽기: read() 함수

```
f=open('name.txt')
data=f.read()
print(data)
f.close()
```

실행결과

```
>>>
홍길동
홍이동
홍삼동
```

read() 함수는 파일의 전체 내용을 문자열로 반환합니다.

예제 10.2 파일 읽기: readline() 함수

```
f=open('name.txt')
data=f.readline()
print(data)
f.close()
```

실행결과

```
>>>
홍길동
```

readline() 함수는 파일의 내용을 한 줄씩 읽어서 문자열로 반환합니다. 만약에 텍스트 파일에 3줄이 저장되어 있다면 readline() 함수를 3번 호출하여 화면에 출력해야 합니다. 하지만 보통의 경우 파일에 몇 줄이 들어있는지는 미리 파악할 수가 없기 때문에 모든 줄을 읽어서 화면에 출력하고 싶다면 다음과 같은 방법을 사용하는 것이 좋습니다.

예제 10.3 **파일 읽기: readline() 함수**

```
f=open('name.txt')
while True:
   data=f.readline()
   if not data:break
   print(data,end='')
f.close()
```

실행결과

```
>>>
홍길동
홍이동
홍삼동
```

만약에 더 이상 읽을 줄이 없다면 break 문을 수행합니다. print(data,end='') 문을 사용한 이유는 기본적으로 텍스트 파일의 줄 끝에는 개행 문자('\n')를 포함하기 때문에 print() 함수의 end 인자를 사용하여 출력 화면을 변경시킬 수 있기 때문입니다.

예제 10.4 **파일 읽기: readlines() 함수**

```
f=open('name.txt')
data=f.readlines()
print(data,end='')
f.close()
```

실행결과

```
>>>
['홍길동\n', '홍이동\n', '홍삼동']
```

readline() 함수는 한 줄씩 읽지만, readlines() 함수는 파일의 모든 줄을 읽어서 리스트로 반환합니다. 만약에 한 줄씩 출력하고 싶다면 다음과 같이 수정하면 됩니다.

예제 10.5 **파일 읽기: readlines() 함수**

```
f=open('name.txt')
data=f.readlines()
for line in data:
   print(line,end='')
f.close()
```

실행결과

```
>>>
홍길동
홍이동
홍삼동
```

TIP 파이썬에서는 주로 with 문을 사용하여 파일 처리를 합니다. with 블록을 벗어나면 자동으로 파일이 닫힙니다(자동 close).

```
with open('name.txt') as f:
    data=f.readlines()
    print(data,end='')
```

(3) 텍스트 파일 쓰기

프로그램에서 처리한 결과값을 파일에 저장하기 위해서는 open() 함수로 파일을 쓰기 모드('w')로 생성한 후 다양한 함수(write(), writelines())를 이용합니다.

예제 10.6 파일 쓰기 모드: write() 함수

• 동아리 회원의 이름을 사용자로부터 입력받아 파일에 저장해 봅시다.

```
f=open('club.txt','w')

while True:
    name=input('name:')
    if not name:break
    f.write(name)
f.close()
```

실행결과

```
>>>
name:황채연
name:황나연
name:황복동
name:
```

프로그램을 실행시킨 후 현재 디렉토리를 살펴보면 'club.txt' 파일이 생성되었음을 확인하고 파일을 열어 입력받은 내용이 저장되었는지를 확인해 봅시다.

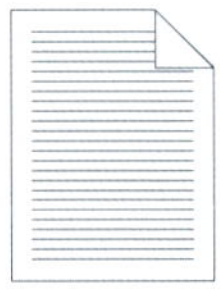

club.txt

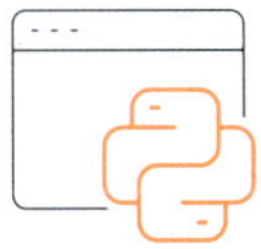

예제10-6.py

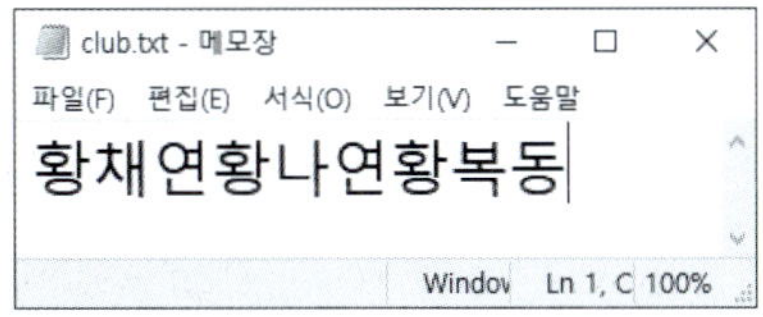

write() 함수는 자동 개행 기능이 포함되어 있지 않기 때문에 파일에 줄 단위로 저장하고 싶다면 다음과 같이 개행 문자를 포함시켜 주면 됩니다.

```
f=open('club.txt','w')

while True:
    name=input('name:')
    if not name:break
    f.write(name+'\n')
f.close()
```

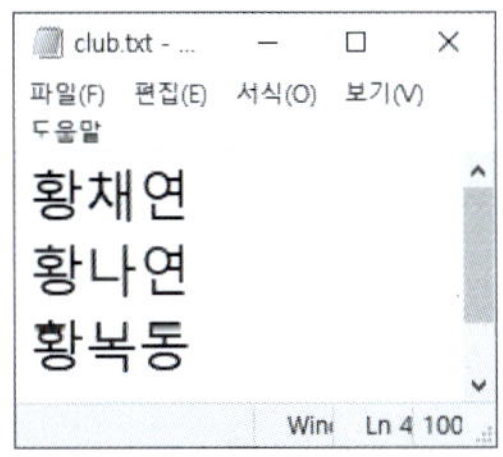

파일 쓰기 모드('w')로 파일을 열 때는 기존 파일이 있을 경우 그 파일의 내용이 모두 사라지기 때문에 기존 파일 내용을 유지하면서 단지 새로운 값을 추가해야 하는 경우에는 파일을 추가 모드('a')로 생성하면 됩니다.

예제 10.7 **파일 추가 모드: write() 함수**

- 동아리 회원의 이름을 사용자로부터 입력받아 기존 파일(club.txt)에 추가해 봅시다.

```
f=open('club.txt','a')

while True:
    name=input('name:')
    if not name:break
    f.write(name+'\n')
f.close()
```

실행결과

```
>>>
name:정재경
name:정태경
name:
```

프로그램을 실행시킨 후 'club.txt' 파일이 생성되었음을 확인하고 파일을 열어 입력받은 내용이 파일 맨 뒤에 추가되어 저장되었는지를 확인해 봅시다.

중간 점검

1. readlines() 함수가 반환하는 데이터의 형식은 무엇인가?

[답] 리스트

2. readline() 함수가 반환하는 데이터의 형식은 무엇인가?

[답] 문자열

10.3 파일 오류 처리

파일을 open() 함수로 열려고 할 때 만약에 파일이 없다면 오류가 발생합니다. 이처럼 파일이 없을 때 오류가 발생하지 않게 하려면 os.path.exists(파일명), os.path.isfile(파일명) 형식을 사용하거나 예외 처리 구문(try~except)을 사용하면 됩니다.

예외 처리란 프로그램 실행 도중 예상치 못한 오류 등의 예외 상황을 만났을 때 안전하게 처리하는 방법을 말하며, 대표적인 경우 파일처리에서 파일을 열려고 할 때 현재 디렉토리에 파일이 없는 경우 다음과 같은 오류가 날 수 있습니다.

현재 디렉토리에 읽고자 하는 파일이 없는 경우 에러 메시지

```
Traceback (most recent call last):
  .........
   f=open('name.txt')
FileNotFoundError: [Errno 2] No such file or directory: 'name.txt'
```

예제 10.8 파일 오류 처리: os.path.exists() 사용

- 사용자로부터 읽고자 하는 파일명을 입력받아 파일이 존재할 경우 파일의 모든 내용을 읽어서 화면에 출력하고 파일이 존재하지 않는다면 오류 메시지를 출력합니다.

```
import os.path

fname=input('file name :')
fname=fname+'.txt'
if os.path.exists(fname): # os.path.isfile(fname)
    f=open(fname,'r')
    data=f.read()
    print(data,end='')
    f.close()
else:
    print(f'{fname} 파일이 없습니다.')
```

실행결과

```
>>>
file name :club
황채연
황나연
황복동
정재경
정태경
```

실행결과

```
>>>
file name :aa
aa.txt 파일이 없습니다.
```

예제 10.9 파일 오류 처리: try ~ except 사용

• 파일이 존재할 경우 파일의 모든 내용을 읽어서 화면에 출력하고 파일이 존재하지 않는다면 오류 메시지를 출력합니다.

```
fname=input('file name :')
fname=fname+'.txt'
try:
    f=open(fname)
    data=f.read()
    print(data,end='')
    f.close()
except:
    print(f'{fname} 파일이 없습니다.')
```

실행결과

```
>>>
file name :name
홍길동
홍이동
홍삼동
```

실행결과

```
>>>
file name :aa
aa.txt 파일이 없습니다.
```

잠깐!

프로그래밍을 하다 보면 필연적으로 오류(또는 에러)와 만나게 됩니다. 예상할 수 있는 오류는 쉽게 if 문을 통해서 제어를 할 수 있지만, 갑자기 뜬금없이 나타나는 오류(Error)를 잡기에는 역부족입니다.
그래서 파이썬에서는 예외 처리(Exception Handling)를 제공하는데 확실한 오류는 물론이고, 예상 못한 오류까지 잡기에는 예외 처리가 제격입니다. 예외(Exception)이라는 말이 조금 어렵게 느껴진다면 파이썬에서는 그냥 쉽게 오류, 에러라고 생각하면 됩니다.

파이썬 예외 처리 코드 기본구조

```
try:
    (예외가 일어날 것 같은 코드, 즉 위험한 코드)
except:
    (예외가 있을 때 실행될 코드)
else:
    (예외가 없을 때 실행될 코드)
finally:
    (예외와 상관없이 무조건 실행될 코드)
```

중간 점검

1. 파이썬에서 with 문을 사용하여 파일을 열 때의 장점은 무엇인가?

[답] 파일을 자동으로 닫아준다.

2. 파일을 열 때 오류가 발생할 수 있으므로, 이를 방지하기 위해 사용하는 것은 무엇인가?

[답] try 문

10.4 파일 입 · 출력 활용

다음은 한국어가 서툰 외국인 대학생들을 위한 번역 프로그램입니다. 필요한 모듈을 설치하고 원하는 외국어를 선택하면 번역해 주는 코드를 작성해 봅시다.

(1) 번역 모듈 설치하기

윈도의 명령 프롬프트를 실행하고 다음의 명령어를 입력하여 번역 모듈을 설치합니다.

```
pip install googletrans==4.0.0-rc1
```

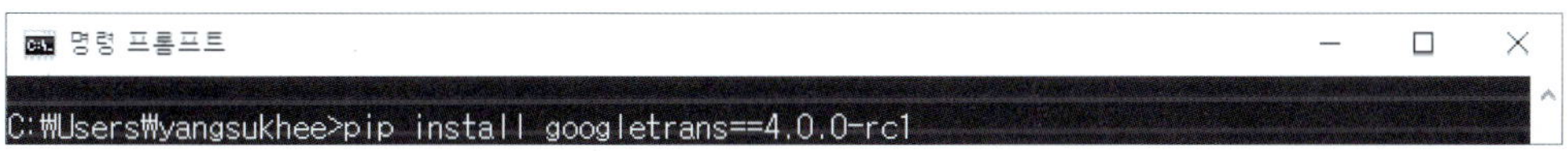

(2) 번역 객체 생성하기

번역 모듈을 불러와서 translator 객체를 생성합니다.

```
from googletrans import Translator # 번역 모듈 불러오기
translator=Translator() # 번역 객체 생성하기
```

(3) 공지사항 파일 불러오기

공지사항이 저장된 파일을 불러와서 화면에 출력합니다.

```
f=open('공지사항.txt',encoding='utf-8')
notice=f.read()
print('원문-한국어')
print('-'*80)
print(notice)
print('-'*80)
```

(4) 결과 출력하기

번역을 원하는 언어 코드를 리스트에 저장하고 사용자로부터 입력받은 언어로 번역한 후 결과를 출력합니다.

```
code=['en','ja','zh-TW'] # 영어, 일본어, 중국어

while True:
  choice=int(input('영어(1), 일본어(2), 중국어(3), 종료(0):'))
  if choice==0:break
  lang=code[choice-1]
  res=translator.translate(notice,src='ko',dest=lang) # 해당 언어로 번역
  print(res.text) # 번역 결과 출력하기
f.close()
```

이 과정을 거쳐 완성된 전체 소스 코드는 다음과 같습니다.

예제 10.10 번역기 만들기

• 공지사항이 저장된 파일을 불러와서 번역한 결과를 출력해 봅시다.

```
from googletrans import Translator
translator=Translator()
f=open('공지사항.txt',encoding='utf-8')
notice=f.read()
print('원문-한국어')
print('-'*80)
print(notice)
print('-'*80)

code=['en','ja','zh-TW'] # 영어, 일본어, 중국어

while True:
  choice=int(input('영어(1), 일본어(2), 중국어(3), 종료(0):'))
  if choice==0:break
  lang=code[choice-1]
  res=translator.translate(notice,src='ko',dest=lang)
  print(res.text)
f.close()
```

실행결과

```
>>>
원문-한국어
--------------------------------------------------------------------------------
9월 16일은 추석 연휴 기간으로 대면수업은 없습니다.
대면수업은 온라인 수업으로 대체되오니 학습 기간 내에 꼭 듣고 정리하시길 바랍니다. 즐겁고 행복한 추석 연휴 되시길 바랍니다.
--------------------------------------------------------------------------------
영어(1), 일본어(2), 중국어(3), 종료(0):1
September 16 is a Chuseok holiday, and there is no face -to -face class.
The face -to -face classes are replaced by online classes, so be sure to listen and organize them within the learning period.I hope you have a fun and happy Chuseok holiday.
영어(1), 일본어(2), 중국어(3), 종료(0):2
9月16日はChuseokホリデーであり、顔から顔のクラスはありません。
Face -to -Faceクラスはオンラインクラスに置き換えられているため、習期間 にこれらを聞いて整理してください。しくて幸せなチューセックの休日をお過ごしください。
영어(1), 일본어(2), 중국어(3), 종료(0):3
9月16日是Chuseok假期，沒有面對面的班級。
```

```
面對面的類別由在線課程取代，因此請務必在學習期內聆聽和組織 們。希望 度過一個有趣而快樂的
Chuseok假期 。
영어(1), 일본어(2), 중국어(3), 종료(0):0
```

중간 점검

1. 파이썬 패키지 관리 도구로 모듈을 설치하는 명령어는 무엇인가?

[답] pip

요약(SUMMARY)

텍스트 파일 읽고 쓰기

텍스트 파일 읽기

- 텍스트 파일을 읽기 위해서는 open() 함수를 사용하여 파일을 열어야 합니다. 읽기 모드('r')로 파일을 열면 됩니다.
  - 전체 내용 읽기: read() 메서드를 사용하여 파일의 전체 내용을 문자열로 읽습니다.
  - 한 줄씩 읽기: readline() 메서드를 사용하여 파일에서 한 줄씩 읽습니다.
  - 모든 줄을 리스트로 읽기: readlines() 메서드를 사용하여 파일의 모든 줄을 리스트로 읽습니다.

텍스트 파일 쓰기

- 파일에 데이터를 쓰기 위해서는 open() 함수를 사용하여 파일을 열고, write() 또는 writelines() 메서드를 활용할 수 있습니다.
  - 쓰기 모드('w'): 파일이 존재하면 기존 내용을 삭제하고 새로 작성합니다.
  - 추가 모드('a'): 파일이 존재하면 기존 내용 뒤에 추가합니다.
- 파일에 데이터를 쓰는 방법
  - 단일 문자열 쓰기: write() 메서드를 사용하여 문자열을 파일에 씁니다.
  - 여러 줄 쓰기: 여러 줄을 쓸 때는 여러 번 write()를 호출하거나, writelines() 메서드를 사용하여 리스트 형태로 한 번에 씁니다.

연습문제

객관식

1. 텍스트 파일을 읽기 위해 사용하는 모드는 무엇인가?

① wb ② rb
③ r ④ a

2. 파이썬에서 파일의 모든 내용을 한 번에 읽어 리스트로 반환해 주는 메서드는 무엇인가?

① readline() ② read()
③ readlines() ④ get()

3. 다음 중 기존 파일의 내용을 덮어쓰고 새 내용을 작성하기 위해 사용하는 모드는 무엇인가?

① a ② r+
③ w ④ x

4. 다음 중 파일 객체에서 내용을 한 줄씩 읽어오는 메서드는 무엇인가?

① read() ② readline()
③ readlines() ④ write()

5. 파일 작업이 끝난 후 파일을 닫기 위해 사용하는 메서드는 무엇인가?

① close_file() ② end()
③ close() ④ finish()

6. 파이썬에서 with 문을 사용하여 파일을 열 때의 장점은 무엇인가?

① 파일을 더 빠르게 읽을 수 있다. ② 파일을 자동으로 닫아준다.
③ 파일의 크기를 줄일 수 있다. ④ 파일의 내용을 암호화할 수 있다.

O/X형

7. 파일의 끝에 내용을 추가하는 모드는 'w'이다. (O/X)

8. 파이썬 예외 처리에서 예외가 있는 때 실행될 코드는 'except' 영역이다. (O/X)

단답형

9. 파일을 열 때 오류가 발생할 수 있으므로 이를 방지하기 위해 사용하는 것은 무엇인가?

10. 파이썬에서 텍스트 파일을 한 줄씩 읽기 위해 사용하는 메서드는 무엇인가?

실습문제

1. 텍스트 파일의 내용을 모두 읽어 화면에 출력해 봅시다.

[읽을 파일명: data1.txt]

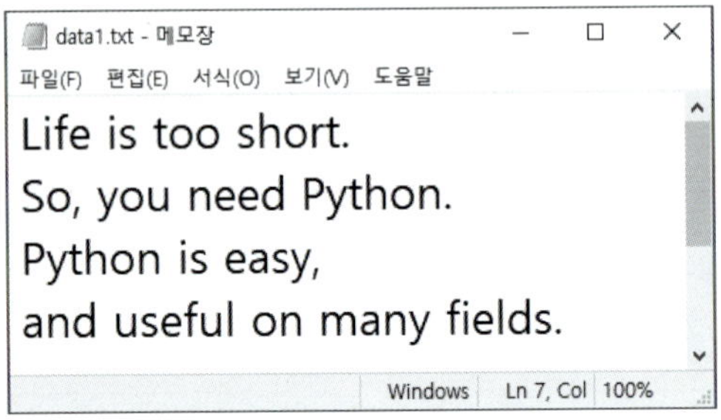
data1.txt - 메모장
파일(F) 편집(E) 서식(O) 보기(V) 도움말
Life is too short.
So, you need Python.
Python is easy,
and useful on many fields.
Windows Ln 7, Col 100%

[소스 코드]

```
f=open('data1.txt')
lines=f.read()
print(lines)
f.close()
# with 구문 동일한 결과
'''
with open('data1.txt') as f:
   lines=f.read()
   print(lines)
'''
```

실행결과

```
Life is too short.
So, you need Python.
Python is easy,
and useful on many fields.
```

2. 우리 과 졸업 전시회에 참석한 학생들의 이름을 입력받아 'welcome'을 출력하고 참석한 명단을 guest.txt 파일에 저장합니다. 그리고 guest.txt 파일을 읽어서 전시회에 참석한 학생의 총 인원 수를 출력하시오.

```
f=open('guest.txt','w')
while True:
   name=input('name : ')
   if not name:break
   print(f'{name} welecome!!')
   f.write(name+'\n')
f.close()

f=open('guest.txt')
lines=f.readlines()
cnt=len(lines)
print(f'total count : {cnt}')
```

실행결과

```
name : 정명식
정명식 welecome!!
name : 최봉수
최봉수 welecome!!
name : 김진영
김진영 welecome!!
name : 김진호
김진호 welecome!!
name :
total count : 4
```

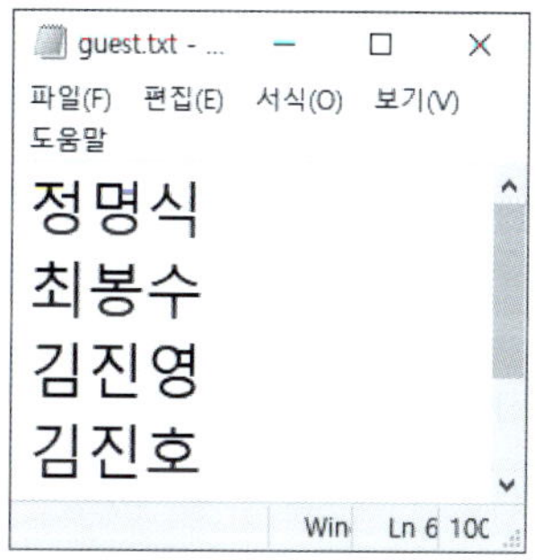

3. 텍스트 파일(data2.txt)에 이번 학기 점수가 저장되어 있다고 가정하고 텍스트 파일의 점수를 모두 읽어서 합계와 평균을 구한 후 화면에 출력해 봅시다.

[읽을 파일명: data2.txt]

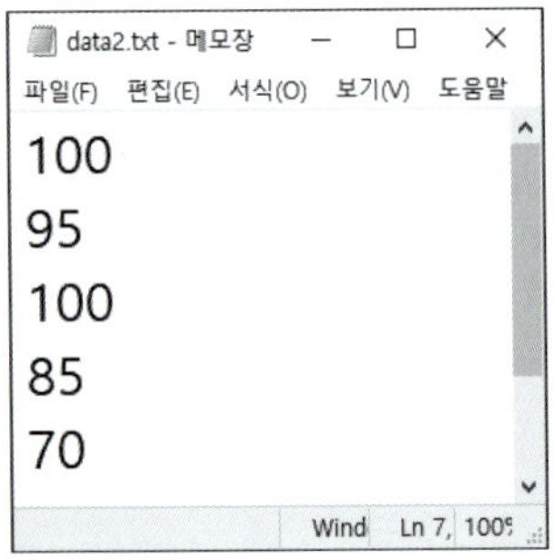

[소스 코드]

```
f=open('data2.txt')
lines=f.readlines()

hap=0

for line in lines:
   line=line.rstrip() # 개행문자 제거
   score=int(line)
   hap += score

avg=hap/len(lines)

print(f'합계:{hap}')
print(f'평균:{avg:5.2f}')

f.close()
```

실행결과

```
합계:450
평균:90.00
```

NOTE

파이썬에서는 strip()을 사용하여 공백을 제거할 수 있습니다. 문자열의 앞과 뒤에 있는 스페이스, 탭 문자, 줄 바꿈(\r 또는 \n)을 삭제할 수 있습니다. lstrip() 함수는 문자열의 왼쪽만 삭제하고 rstrip() 함수는 문자열의 오른쪽만 삭제합니다. 텍스트 파일의 개행문자는 줄 끝에 위치하므로 rstrip() 함수를 많이 사용해서 개행문자를 제거합니다.

4. 텍스트 파일(data3.txt)에 신조어가 저장되어 있다고 가정하고 신조어 단어를 분리하여 화면에 출력해 봅시다.

[읽을 파일명: data3.txt]

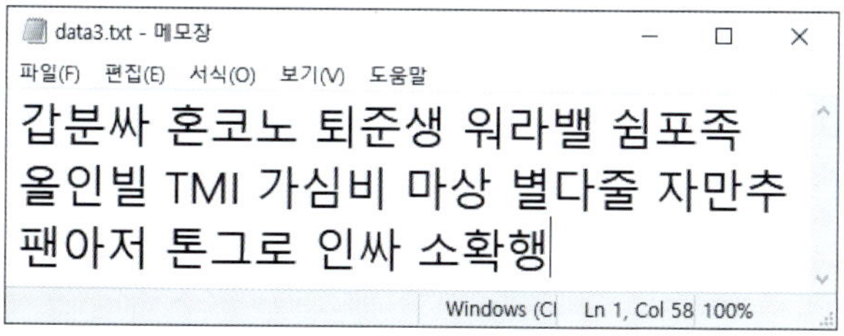
data3.txt - 메모장
파일(F) 편집(E) 서식(O) 보기(V) 도움말
갑분싸 혼코노 퇴준생 워라밸 쉼포족
올인빌 TMI 가심비 마상 별다줄 자만추
팬아저 톤그로 인싸 소확행
Windows (CI Ln 1, Col 58 100%

[소스]

```
f=open('data3.txt')
for line in f:
   line=line.rstrip()
   word=line.split()
   for w in word:
      print(w)

f.close()
```

실행결과

```
갑분싸
혼코노
퇴준생
워라밸
쉼포족
올인빌
TMI
가심비
마상
별다줄
자만추
팬아저
톤그로
인싸
소확행
```

NOTE

split() 함수는 기본적으로 스페이스, 새로운 라인, tab 등으로 분리하여 값을 리스트 형태로 반환해 줍니다.

5. 다음은 MT 장소를 선정하기 위한 프로그램입니다. 아래와 같이 사용자로부터 MT 장소를 입력받아 딕셔너리 자료구조에 저장한 후 투표 결과값을 화면에 출력해 봅시다.

```
vote={'가평':0,'대성리':0,'남이섬':0,'청평':0}
print(vote)

print('Best MT Spot')
while True:
    area=input('area:')
    if not area:break
    vote[area]=vote[area]+1 # 키값 증가

print(vote)
```

실행결과

```
{'가평': 0, '대성리': 0, '남이섬': 0, '청평': 0}
Best MT Spot
area:가평
area:대성리
area:남이섬
area:남이섬
area:
{'가평': 1, '대성리': 1, '남이섬': 2, '청평': 0}
```

도전문제

1. 실습 3 문제에서 텍스트 파일(data2.txt)의 점수를 모두 읽어서 합계와 평균을 구한 후 파일(output1.txt)에 저장하는 프로그램입니다. 다음 프로그램의 실행결과를 보고 빈 곳에 알맞은 답을 예측해 봅시다.

```
[소스코드]
fin=open('data2.txt')
fout=
lines=fin.readlines()

hap=0

for line in lines:
   line=line.rstrip()
   score=int(line)
   hap += score

avg=hap/len(lines)

[                                        ]

fin.close()
fout.close()
```

실행결과

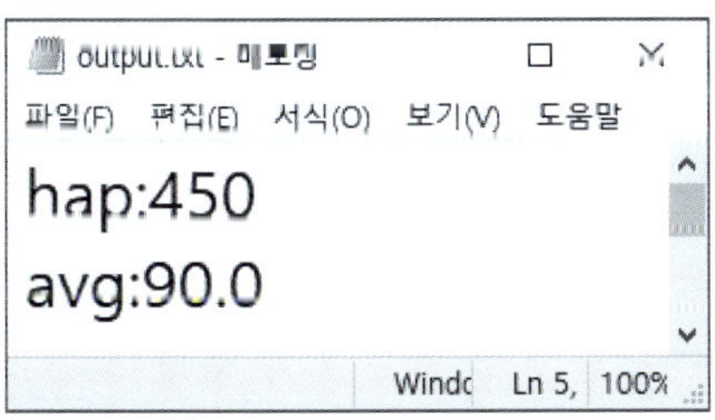

2. 본인이 알고 있는 신조어 3개를 입력받아 **실습 4**에서 사용했던 파일(data3.txt)에 추가한 후 파일에 저장된 총 단어의 개수를 출력하는 프로그램을 만들어 봅시다. (단, 프로그램을 다시 실행하더라도 기존에 작성한 내용을 유지하고 새로 입력한 내용이 추가되어야 합니다.)

```
f=open('data3.txt',______________________________)
for i in range(3):
   w=input('word:')

   ______________________________
f.close()
f=open('data3.txt')
cnt=0
for line in f:
   line=line.rstrip()
   word=line.split()
   for w in word:

      ______________________________
      print(w,end=' ')
print()
print('total word :', cnt)
f.close()
```

실행결과

```
>>>
word:세젤예
word:띵언
word:아싸
갑분싸 혼코노 퇴준생 워라밸 쉼포족 올인빌 TMI 가심비 마상 별다줄 자만추 팬아저 톤그로 인싸 소확행 세젤예 띵
언 아싸
total word : 18
```

3. 파일에 이름, 중간고사, 기말고사 점수가 한 라인에 존재한다고 가정했을 때, 실행 결과를 참고하여 학생의 이름, 합계, 평균이 출력되도록 빈 곳에 알맞은 코드를 채우시오.

[읽을 파일명: score1.txt]

[소스코드]

```
f=open('score1.txt')
print('이름, 합계, 평균')
for line in f:
   name,mid,final=line.split()

   hap= ______________
   avg=hap/2
   print(name,hap,avg)
f.close()
```

실행결과

```
이름, 합계, 평균
김가현 180 90.0
김혜현 180 90.0
최재원 180 90.0
최지윤 175 87.5
김연수 190 95.0
김연우 200 100.0
```

NOTE

파일 내용의 항목은 띄어쓰기를 이용하여 저장하였기 때문에 name,mid,final=line.split() 함수를 사용하여 쉽게 값을 구할 수 있습니다. split() 함수는 기본적으로 스페이스, tab 등으로 분리하여 값을 리턴해 주며, 파이썬은 모두 문자열을 기본으로 사용하기 때문에 int() 함수를 사용하여 문자열을 정수로 변환해 주어야 합니다.

4. 실습 5를 확장하여 사용자로부터 MT 장소를 입력받아 딕셔너리 자료구조에 저장한 후 투표 결과 값을 화면에 출력하고 파일(vote.txt)에 저장해 봅시다.

```
vote={'가평':0,'대성리':0,'남이섬':0,'청평':0}
print(vote)

print('Best MT Spot')
while True:
    area=input('area:')
    if not area:break
    vote[area]=vote[area]+1

print(vote)
f=open('vote.txt','w')




f.close()
```

실행결과

```
{'가평': 0, '대성리': 0, '남이섬': 0, '청평': 0}
Best MT Spot
area:가평
area:가평
area:대성리
area:남이섬
area:청평
area:
{'가평': 2, '대성리': 1, '남이섬': 1, '청평': 1}
```

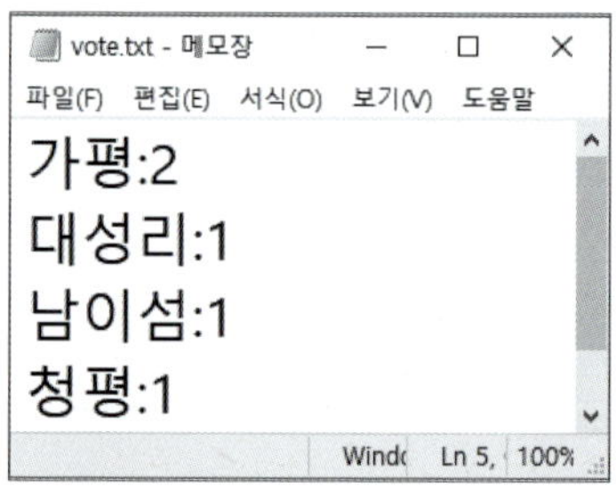

5. 성적 파일(score2.txt)에 학생 이름과 성적이 저장되었을 때 성적 파일을 읽어서 학생의 이름과 성적에 대한 학점을 계산하여 화면에 출력해 봅시다.

조건 성적이 90점 이상이면, A
성적이 80점 이상이면, B
성적이 70점 이상이면, C
성적이 60점 이상이면, D
성적이 60점 미만이면, F

[읽을 파일명: score2.txt]

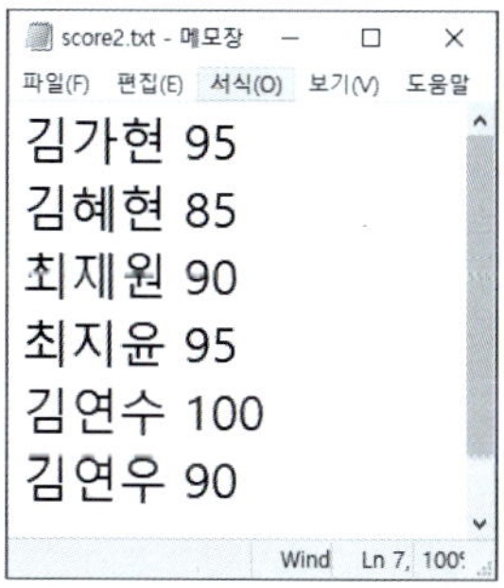
score2.txt - 메모장
파일(F) 편집(E) 서식(O) 보기(V) 도움말

김가현 95
김혜현 85
최재원 90
최지윤 95
김연수 100
김연우 90

Wind Ln 7, 100%

[코드 작성]

실행결과

```
이름, 평균, 학점
김가현  95   A
김혜현  85   B
최재원  90   A
최지윤  95   A
김연수 100   A
김연우  90   A
```

6. 파일(weather.txt)에는 다음과 같은 형태로 상반기 기온에 대한 월, 월 최저기온과 월 최고기온이 저장되어 있습니다. 파일 내용을 읽어서 월의 평균기온(최저기온과 최고기온)을 계산한 후에 실행 화면과 같이 출력해 봅시다.

[읽을 파일명: weather.txt]

weather.txt - 메모장

```
1, 5.0, 6.0
2, 10.0, 11.0
3, 20.0, 25.0
4, 22.0, 25.5
5, 23.0, 25.4
6, 26.0, 26.0
```

[코드 작성]

실행결과

```
1월 평균기온은 5.5입니다.
2월 평균기온은 10.5입니다.
3월 평균기온은 22.5입니다.
4월 평균기온은 23.75입니다.
5월 평균기온은 24.2입니다.
6월 평균기온은 26.0입니다.
```

Chapter 11

종합 프로젝트 실습

11.1 스마트 카페 메뉴 조회 시스템

11.2 초간단 평점평균 계산 시스템

11.3 이지 도서관 정보 검색 시스템

11.4 무인 카페 자판기 시스템

11.5 전자 출석부 프로그램

11.6 가위바위보 게임

11.7 연락처 어플 만들기

CHAPTER

11 종합 프로젝트 실습

11.1 스마트 카페 메뉴 조회 시스템

스마트 카페 메뉴 조회 시스템은 사용자가 원하는 조건에 따라 메뉴 정보를 보여주는 프로그램입니다. 우선 카페 메뉴를 리스트로 초기화하고, 가격별로 조회할지 종류별로 조회할지를 입력받아 해당 조건의 메뉴를 출력합니다.

실습 11.1	요구사항

- 최저가격과 최고가격을 입력하면 가격 범위 내에 해당하는 메뉴들을 출력합니다.
- 메뉴 종류를 입력하면 해당 종류의 메뉴들을 출력합니다.
- 주문을 원하는 메뉴를 입력하면 해당 메뉴의 이름, 가격, 종류를 출력합니다.

실습 11.1 스마트 카페 메뉴 조회 시스템

```
menu=[['에스프레소',2000,'커피'],['아메리카노',2500,'커피'],
     ['카푸치노',3000,'커피'],['카페라떼',3000,'커피'],
     ['모카라떼',3500,'커피'],['바닐라라떼',3500,'커피'],
     ['소이라떼',3500,'커피'],['피넛라떼',3700,'커피'],
     ['토피넛라떼',3700,'커피'],
     ['화이트모카',3700,'커피'],['카라멜마끼아또',4000,'커피'],
     ['프라프치노',4000,'커피'],['핫초코',3500,'음료'],
     ['레몬에이드',3500,'음료'],['청포도에이드',3500,'음료'],
     ['자몽에이드',3500,'음료'],['스무디',3500,'음료'],
     ['망고스무디',3500,'음료'],['딸기스무디',3500,'음료'],
     ['초코쿠키',2000,'디저트'],['화이트쿠키',2000,'디저트'],
     ['피넛쿠키',2000,'디저트'],['당근케이크',5000,'디저트'],
     ['초코케이크',5000,'디저트'],['치즈케이크',5000,'디저트']]
result = []
print('[스마트 카페 메뉴 목록]\n')
for i in menu:
   print(i[0],end=' ')
```

```python
print('\n')

while True:
    choice = eval(input('1.가격별 메뉴 조회 2.종류별 메뉴 조회 3.주문 0.종료: '))
    result = []
    if choice<0 or choice>3:
        print('없는 번호!')
        continue
    elif choice == 1:
        min, max = eval(input('최저가격, 최고가격 입력(예:1000,2000) '))
        for i in menu:
            if i[1] >= min and i[1] <= max:
                result.append(i[:2])
    elif choice == 2:
        category = input('종류별 메뉴 입력(예:커피,음료,디저트) ')
        for i in menu:
            if i[2] == category:
                result.append(i[:2])
    elif choice == 3:
        order = input('원하는 메뉴 입력: ')
        for i in menu:
            if i[0] == order:
                result.append(i)
    elif choice == 0:
        print('스마트 카페 메뉴조회 시스템 종료!')
        break

    print('\n<입력조건의 메뉴 목록>')
    print(result,end='\n\n')
```

실행결과

```
[스마트 카페 메뉴 목록]

에스프레소 아메리카노 카푸치노 카페라떼 모카라떼 바닐라라떼 소이라떼 피넛라떼 토피넛라떼 화이트모카 카라멜마끼아또 프라프치노 핫초코 레몬에이드 청포도에이드 자몽에이드 스무디 망고스무디 딸기스무디 초코쿠키 화이트쿠키 피넛쿠키 당근케이크 초코케이크 치즈케이크

1.가격별 메뉴 조회 2.종류별 메뉴 조회 3.주문 0.종료: 1
최저가격, 최고가격 입력(예:1000,2000) 2000,2500

< 입력조건의 메뉴 목록 >
[['에스프레소', 2000], ['아메리카노', 2500], ['초코쿠키', 2000], ['화이트쿠키', 2000], ['피넛쿠키', 2000]]
```

```
    1.가격별 메뉴 조회 2.종류별 메뉴 조회 3.주문 0.종료: 2
    종류별 메뉴 입력(예:커피,음료,디저트) 디저트

    < 입력조건의 메뉴 목록 >
    [['초코쿠키', 2000], ['화이트쿠키', 2000], ['피넛쿠키', 2000], ['당근케이크', 5000], ['초코케이
    크', 5000], ['치즈케이크', 5000]]

    1.가격별 메뉴 조회 2.종류별 메뉴 조회 3.주문 0.종료: 3
    원하는 메뉴 입력: 초코케이크

    < 입력조건의 메뉴 목록 >
    [['초코케이크', 5000, '디저트']]

    1.가격별 메뉴 조회 2.종류별 메뉴 조회 3.주문 0.종료: 0
    스마트 카페 메뉴조회 시스템 종료!
>>>
```

실습 11.1 소스코드 설명

- 1행: 카페 메뉴의 menu 리스트로 초기화합니다.
- 2행: 입력조건의 메뉴 출력을 위한 result 리스트를 선언합니다.
- 4~5행: 카페 메뉴의 이름을 모두 출력합니다.
- 8~34행: 카페 메뉴 조회 시스템을 무한 반복합니다.
- 9행: 가격별로 조회할지, 종류별로 조회할지, 주문할지, 종료할지의 번호를 입력받습니다.
- 10행: 입력조건의 메뉴 출력을 위한 result 리스트를 초기화합니다.
- 11~13행: 카페 메뉴 조회를 위한 0~3 외의 번호를 입력하게 되면 오류 메시지를 출력하고 다시 번호를 입력받습니다.
- 14~15행: 가격별 메뉴 조회를 위해 1번을 입력하면 최저가격, 최고가격을 입력받아 min, max 변수에 각각 저장합니다.
- 16~18행: menu 리스트에서 메뉴 하나씩을 꺼내와 i 변수에 저장 후, 꺼낸 메뉴의 두 번째(i[1])에 있는 가격이 min 변수의 최저가격 이상, max 변수의 최고가격 이하이면 첫 번째와 두 번째(i[:2])에 있는 메뉴 이름과 가격을 result 리스트에 추가합니다.
- 19~20행: 종류별 메뉴 조회를 위해 2번을 입력하면 메뉴의 종류를 입력받아 category 변수에 저장합니다.
- 21~23행: menu 리스트에서 메뉴 하나씩을 꺼내와 i 변수에 저장 후, 꺼낸 메뉴의 세 번째(i[2])에 있는 메뉴 종류가 입력받은 category 변수와 같으면 첫 번째와 두 번째(i[:2])에 있는 메뉴 이름과 가격을 result 리스트에 추가합니다.
- 24~25행: 주문을 위해 3번을 입력하면 원하는 메뉴를 입력받아 order 변수에 저장합니다.
- 26~28행: menu 리스트에서 메뉴 하나씩을 꺼내와 i 변수에 저장 후, 꺼낸 메뉴의 첫 번째(i[0])에 있는 메뉴 이름이 입력받은 order 변수와 같으면 메뉴 이름, 가격, 종류를 result 리스트에 추가합니다.
- 29~31행: 프로그램 종료를 위해 0번을 입력하면 종료 메시지를 출력하고 무한 반복을 종료합니다.
- 33~34행: result 변수에 저장한 입력조건의 메뉴를 출력합니다.

스마트 카페 메뉴 조회 시스템은 사용자가 원하는 조건에 따라 메뉴 정보를 보여주기만 하는 프로그램입니다. 이를 개선하여 주문할 때 메뉴와 수량을 입력받아 지불해야 할 금액을 출력하는 스마트 카페 메뉴 조회 및 주문 시스템으로 확장합니다.

실습 11.2	추가 요구사항

- 주문을 원하는 메뉴를 입력하면 메뉴의 수량을 입력받습니다.
- 더 이상 주문할 메뉴가 없을 때까지 위 과정을 반복하여 입력받습니다.
- 주문을 완료하면 지불해야 할 금액을 출력합니다.

실습 11.2 스마트 카페 메뉴 조회 및 주문 시스템

```
def payment():
    total = 0
    while True:
        order = input('주문 메뉴 입력(0:종료) ')
        [                              ]

        count = int(input('수량 입력: '))
        [                                        ]


    [                              ]

    return total

menu=[['에스프레소',2000,'커피'],['아메리카노',2500,'커피'],
      ['카푸치노',3000,'커피'],['카페라떼',3000,'커피'],
      ['모카라떼',3500,'커피'],['바닐라라떼',3500,'커피'],
                        ⋮
                        ⋮
    elif choice == 3:
        total = payment()
        print(f'\n주문 내역 확인: {result}')
            print(f'지불 총금액: {total}원\n')
            continue

```

실행결과

```
[스마트 카페 메뉴 목록]

에스프레소 아메리카노 카푸치노 카페라떼 모카라떼 바닐라라떼 소이라떼 피넛라떼 토피넛라떼 화이트모카 카라
```

```
    멜마끼아또 프라프치노 핫초코 레몬에이드 청포도에이드 자몽에이드 스무디 망고스무디 딸기스무디 초코쿠키 화
    이트쿠키 피넛쿠키 당근케이크 초코케이크 치즈케이크

    1.가격별 메뉴 조회 2.종류별 메뉴 조회 3.주문 0.종료: 3
    주문 메뉴 입력(0:종료) 아메리카노
    수량 입력: 3
    주문 메뉴 입력(0:종료) 카푸치노
    수량 입력: 2
    주문 메뉴 입력(0:종료) 0

    주문 내역 확인: [['아메리카노', 2500, 3], [['카푸치노', 3000, 2]
    지불 총금액: 13500원

    1.가격별 메뉴 조회 2.종류별 메뉴 조회 3.주문 0.종료: 0
    스마트 카페 메뉴조회 시스템 종료!
>>>
```

실습 11.2 소스코드 설명

- 1~13행: payment() 함수는 주문 메뉴 및 수량을 입력받아 지불 총금액을 계산하여 반환합니다.
- 2행: 지불 총금액을 저장하기 위한 total 변수를 0으로 초기화합니다.
- 3~13행: 주문 메뉴 입력 및 수량 입력을 무한 반복하며 result 리스트에 저장합니다.
- 5~6행: 주문 메뉴 입력 시 0을 입력하면 주문 메뉴 입력의 무한 반복을 종료합니다.
- 8~10행: menu 리스트에서 메뉴 하나씩을 꺼내와 i 변수에 저장 후, 꺼낸 메뉴의 첫 번째(i[0])에 있는 메뉴 이름이 입력받은 order 변수와 같으면 메뉴 이름, 가격, 수량을 result 리스트에 추가합니다.
- 11~12행: 주문 내역을 저장해 놓은 result 리스트에서 주문 메뉴 하나씩을 꺼내와 i 변수에 저장 후, 꺼낸 주문 메뉴의 가격(i[1])과 수량(i[2])을 곱하여 total 변수에 누적합니다.
- 13행: total 변수를 반환합니다.
- 15행~: 코드의 메인 부분으로써 [실습 11.1]과 같아 중략합니다.
- 16~17행: 주문을 위해 3번을 입력하면 payment() 함수를 호출하여 반환 값을 total 변수에 저장합니다.
- 18~20행: 주문 내역을 저장한 result 및 지불 총금액 total을 출력하고 스마트 카페 메뉴 조회 및 주문 시스템을 다시 무한 반복합니다.
- 21행~: [실습 11.1]과 같아 중략합니다.

카페 메뉴 조회 및 주문을 진행하는 시스템에서 현금 결제를 진행하는 프로그램으로 기능을 추가해 봅니다. 즉, 지불 총금액 출력 후, 현금 결제를 위하여 돈을 입력받고 거스름돈을 계산하여 출력하는 시스템에 도전해 봅니다.

실습 11.3	추가 요구사항

- 주문을 완료하면 지불해야 할 금액을 출력합니다.
- 현금 결제를 위하여 돈을 입력받고 거스름돈을 계산하여 출력합니다.

실습 11.3 스마트 카페 메뉴 조회 및 주문 시스템

실행결과

```
[스마트 카페 메뉴 목록]

에스프레소 아메리카노 카푸치노 카페라떼 모카라떼 바닐라라떼 소이라떼 피넛라떼 토피넛라떼 화이트모카 카라멜마끼아또 프라프치노 핫초코 레몬에이드 청포도에이드 자몽에이드 스무디 망고스무디 딸기스무디 초코쿠키 화이트쿠키 피넛쿠키 당근케이크 초코케이크 치즈케이크

1.가격별 메뉴 조회 2.종류별 메뉴 조회 3.주문 0.종료: 3
주문 메뉴 입력(0:종료) 아메리카노
수량 입력: 3
주문 메뉴 입력(0:종료) 카푸치노
수량 입력: 2
주문 메뉴 입력(0:종료) 0

주문 내역 확인: [['아메리카노', 2500, 3], ['카푸치노', 3000, 2]]
지불 총금액: 13500원

결제를 위한 현금 입력: 50000
지불 총금액: 13500원, 거스름돈: 36500원

1.가격별 메뉴 조회 2.종류별 메뉴 조회 3.주문 0.종료: 0
스마트 카페 메뉴조회 시스템 종료!
>>>
```

11.2 초간단 평점평균 계산 시스템

초간단 평점평균 계산 시스템은 수강한 강좌의 학점수, 취득학점을 입력하면 평점평균을 계산하여 출력하는 시스템입니다. 즉, 수강한 강좌를 반복하여 입력하고, 입력 완료 후 평점평균을 계산해 주는 프로그램입니다.

실습 11.4	요구사항

- 수강 강좌정보 입력 화면에서 과목명, 학점수, 취득학점을 반복하여 입력받습니다.
- 더 이상 입력할 강좌가 없으면 입력 화면을 종료합니다.
- 수강 강좌정보 입력 후 평점평균 확인을 입력하면 평전평균을 계산하여 출력합니다.

실습 11.4 초간단 평점평균 계산 시스템

```
def subject():
    while True:
        title = input('과목명(0:종료) ')
        if title == '0':
            break
        credit = int(input('학점 수: '))
        grade = input('취득학점(A,B,C,F): ')
        course.append([title,credit,grade])

def avg_grade():
    total=0
    result=0
    for i in course:
        if i[2] == 'A':
            total += i[1]
            result += i[1]*4.5
        elif i[2] == 'B':
            total += i[1]
            result += i[1]*3.5
        elif i[2] == 'C':
            total += i[1]
            result += i[1]*2.5
        elif i[2] == 'F':
            total += i[1]
    return result/total

course = []
while True:
    choice = eval(input('1.수강 강좌정보 입력 2.평균평점 확인 0.종료: '))
    if choice<0 or choice>3:
        print('없는 번호!')
        continue
    elif choice == 1:
        print('\n< 수강 강좌정보 입력 >')
        subject()
        print('< 수강 강좌정보 입력 종료 >\n')
    elif choice == 2:
        print('\n< 수강 강좌 목록 >')
        print('과목명\t학점수\t학점')
        print('-'*20)
        gpa = avg_grade()
```

```
42          for i in course:
43              print(f'{a[0]} \t {a[1]} \t {a[2]}')
44          print(f'\n평균평점: {gpa:.2f}\n')
45      elif choice == 0:
46          print('초간단 평점평균 계산 시스템 종료!')
47          break
```

실행결과

```
    1.수강 강좌정보 입력 2.평균평점 확인 0.종료: 1

    < 수강 강좌정보 입력 >
    과목명(0:종료) 파이썬
    학점 수: 3
    취득학점(A,B,C,F): A
    과목명(0:종료) C언어
    학점 수: 3
    취득학점(A,B,C,F): B
    과목명(0:종료) 0
    < 수강 강좌정보 입력 종료 >

    1.수강 강좌정보 입력 2.평균평점 확인 0.종료: 2

    < 수강 강좌 목록 >
    과목명      학점수    학점
    ------------------------------
    파이썬        3        A
    C언어         3        B

    평균평점: 4.00

    1.수강 강좌정보 입력 2.평균평점 확인 0.종료: 0
    초간단 평점평균 계산 시스템 종료!
>>>
```

실습 11.4 소스코드 설명

- 1~8행: subject() 함수는 수강 강좌정보를 입력받아 course 리스트에 저장합니다.
- 2~8행: 수강 강좌정보의 과목명, 학점수, 취득학점을 무한 반복하며 course 리스트에 추가합니다.
- 4~5행: 과목명 입력 시 0을 입력하면 수강 강좌정보 입력의 무한 반복을 종료합니다.
- 10~25행: avg_grade() 함수는 수강 강좌의 총 학점수와 총 취득학점수를 산출 후, 평균평점을 계산하여 반환합니다.
- 11~12행: 총 학점수를 저장할 total 변수와 총 취득학점 수를 저장할 result 변수를 0으로 초기화합니다.

- 13~16행: course 리스트에서 수강 강좌정보 하나씩을 꺼내와 i 변수에 저장 후, 꺼낸 강좌정보의 세 번째(i[2])에 있는 취득학점이 A이면 두 번째(i[1])에 있는 학점수를 total 변수에 누적하고, 학점수에 4.5를 곱하여 result 변수에 누적합니다.
- 17~19행: 꺼낸 강좌정보의 세 번째(i[2])에 있는 취득학점이 B이면 두 번째(i[1])에 있는 학점수를 total 변수에 누적하고, 학점수에 3.5를 곱하여 result 변수에 누적합니다.
- 20~22행: 꺼낸 강좌정보의 세 번째(i[2])에 있는 취득학점이 C이면 두 번째(i[1])에 있는 학점수를 total 변수에 누적하고, 학점수에 2.5를 곱하여 result 변수에 누적합니다.
- 23~24행: 꺼낸 강좌정보의 세 번째(i[2])에 있는 취득학점이 F이면 두 번째(i[1])에 있는 학점수를 total 변수에 누적하고, 취득학점은 없으므로 result 변수에는 아무것도 저장하지 않습니다.
- 25행: 총 취득학점을 저장하고 있는 result 변수를 총 학점수를 저장하고 있는 total 변수로 나눈 결괏값을 반환합니다.
- 27행: 코드의 메인 부분으로써 수강 강좌정보를 저장할 course 리스트를 선언합니다.
- 28~32행: 평점평균 계산을 위한 0~2 외의 번호를 입력하게 되면 오류 메시지를 출력하고 다시 번호를 입력받습니다.
- 33~36행: 수강 강좌정보를 입력받기 위해 1번을 입력하면 subject() 함수를 호출합니다.
- 37~41행: 평균평점의 계산 및 확인을 위해 2번을 입력하면 avg_grade() 함수를 호출하고, 반환 값을 gpa 변수에 저장합니다.
- 42~43행: 수강 강좌정보를 저장하고 있는 course 리스트에서 수강 강좌정보 하나씩을 꺼내와 a 변수에 저장 후, 꺼낸 강좌정보의 과목명, 학점수, 취득학점을 출력합니다.
- 44행: 평균평점 gpa 변수를 출력합니다.

수강한 강좌의 학점수, 취득학점을 입력하면 평점평균을 계산하여 출력하는 초간단 평점평균 계산 시스템에 졸업여건을 확인해 주는 기능을 추가합니다. 졸업여건은 총 등록학기, 총 학점수, 총 평균평점을 충족해야 합니다.

실습 11.5	추가 요구사항

- 총 등록학기를 입력받아 8학기 이상이면 졸업학기 충족, 미만이면 학기 부족을 출력합니다.
- 총 학점수를 입력받아 120학점 이상이면 졸업학점 충족, 미만이면 졸업학점 부족을 출력합니다.
- 총 평균평점을 입력받아 2.5학점 이상이면 졸업 평균평점 충족, 미만이면 졸업 평균평점 부족을 출력합니다.

실습 11.5 초간단 평점평균 계산 및 졸업여건 확인 시스템

```
def graduate():
    tot_semester = int(input('\n총 등록 학기수 입력: '))





    tot_credit = int(input('\n수강 완료 학점수 입력: '))

```

```
    




    tot_grade = float(input('\n총 평균평점 입력: '))





def subject():
                                    ⋮
def avg_grade():
                                    ⋮
course - []
while True:
    choice = eval(input('1.수강 강좌정보 입력 2.평균평점 확인 3.졸업여건 확인 0.종료: '))
                                    ⋮
    elif choice == 3:
        graduate()
                                    ⋮
```

실행결과

```
1.수강 강좌정보 입력 2.평균평점 확인 3.졸업여건 확인 0.종료: 3

총 등록 학기수 입력: 3
5학기 부족

수강 완료 학점수 입력: 115
5학점 부족

총 평균평점 입력: 2.4
0.10 평균평점 낮음

1.수강 강좌정보 입력 2.평균평점 확인 3.졸업여건 확인 0.종료: 0
초간단 평점평균 계산 시스템 종료!
>>>
```

실습 11.5	소스코드 설명

- 1~18행: graduate() 함수는 총 등록학기, 총 학점수, 총 평균평점을 입력받아 졸업여건 충족 여부를 확인해 줍니다.
- 2~6행: 총 등록 학기수를 입력받아 8학기 이상이면 졸업학기 충족, 미만이면 졸업 학기 부족수를 출력합니다.
- 8~12행: 수강 완료 학점수를 입력받아 120학점 이상이면 졸업학점 충족, 미만이면 졸업학점 부족수를 출력합니다.
- 14~18행: 총 평균평점을 입력받아 2.5학점 이상이면 졸업 평균평점 충족, 미만이면 졸업 평균평점 부족수를 출력합니다.
- 20~23행: subject() 함수와 avg_grade() 함수의 내용은 [실습 11.4]와 같아 중략합니다.
- 26행: 3번에 졸업여건 확인 메뉴를 추가합니다.
- 27행~: [실습 11.4]와 같아 중략합니다.
- 28~29행: 졸업여건 확인을 위해 3번을 입력하면 graduate() 함수를 호출합니다.
- 30행~: [실습 11.4]와 같아 중략합니다.

초간단 평점평균 계산 및 졸업여건 확인 시스템에서 평균평점이 4.0 이상이면 장학 대상자임을 안내해 주는 프로그램으로 기능을 추가해 봅니다. 즉, 학기별 수강 강좌정보 입력 후 평균평점을 계산하여 학기별 장학 대상자 여부를 출력해 주고, 졸업여건을 충족할 때도 졸업 장학 대상자 여부를 출력해 주는 초간단 학점 관리 시스템에 도전해 봅니다.

실습 11.6	추가 요구사항

- 수강 강좌정보 입력 후 평점평균 확인을 입력하면 평점평균을 출력하되, 평균평점이 4.0 이상이면 학기별 장학 대상자임을 출력합니다.
- 졸업여건 확인을 입력하면 총 등록학기, 총 학점수, 총 평균평점에 따른 졸업여건 충족 여부를 출력하되, 졸업여건을 모두 충족하고 졸업 평균평점이 4.0 이상이면 졸업 장학 대상자임을 출력합니다.

실습 11.6	초간단 학점 관리 시스템

실행결과

```
1.수강 강좌정보 입력 2.평균평점 확인 3.졸업여건 확인 0.종료: 1

< 수강 강좌정보 입력 >
과목명(0:종료) 파이썬
학점 수: 3
취득학점(A,B,C,F): A
과목명(0:종료) C언어
학점 수: 3
취득학점(A,B,C,F): B
과목명(0:종료) 0
< 수강 강좌정보 입력 종료 >

1.수강 강좌정보 입력 2.평균평점 확인 3.졸업여건 확인 0.종료: 2

< 수강 강좌 목록 >
과목명      학점수    학점
-----------------------
파이썬        3        A
C언어         3        B

평균평점: 4.00, 장학 대상자!!

1.수강 강좌정보 입력 2.평균평점 확인 3.졸업여건 확인 0.종료: 3

총 등록 학기수 입력: 8
졸업학기 충족 완료

수강 완료 학점수 입력: 132
```

```
        졸업학점 충족 완료

        총 평균평점 입력: 4.1
        졸업 평균평점 충족 완료

        모든 졸업 요건 충족!! 졸업 장학 대상자!!

        1.수강 강좌정보 입력 2.평균평점 확인 3.졸업여건 확인 0.종료: 0
        초간단 학점 관리 시스템 종료!
>>>
```

11.3 이지 도서관 정보 검색 시스템

이지 도서관 정보 검색 시스템은 사용자가 입력한 검색어에 따라 도서관 정보를 출력하는 프로그램입니다. 도서관 정보는 csv 파일로 저장된 자료를 리스트로 초기화하고, 검색어를 입력받아 해당 조건의 도서관 정보를 출력합니다.

실습 11.7 요구사항

- 도서관 정보가 저장된 csv 파일을 리스트로 초기화합니다.
- 검색어를 입력받아 검색어가 포함된 도서관 정보를 출력합니다.

실습 11.7 이지 도서관 정보 검색 시스템

- 도서관 정보 csv 파일명: library.csv
- library.csv 파일 안의 정보

인덱스 번호	0	1	2	3	4	5	6	7	8
정보	도서관 코드	도서관 명	주소	상세 주소	전화 번호	팩스	홈 페이지	개관 시간	휴관일

```
from csv import *
file = open('library.csv', 'r')
read_file = reader(file)
library_list = []
for line in read_file:
    library_list.append(line)
file.close()
```

```
8
9   while True:
10      search_word = input('\n검색어 입력 (종료:0) ')
11      if search_word == '0':
12         print('\n[도서관 정보 검색 시스템 종료]')
13         break
14      print('\n[도서관 정보 검색 결과]')
15      for line in library_list:
16         if search_word in line[1]:
17            print(f'{line[1]} / {line[2]} / {line[4]}')
```

실행결과

```
검색어 입력 (종료:0) 성북

[도서관 정보 검색 결과]
성북정보도서관 / 서울특별시 성북구 / 02-962-1081
성북구립 청수도서관 / 서울특별시 성북구 보국문로16가길 / 02-2038-4423

검색어 입력 (종료:0) 정릉

[도서관 정보 검색 결과]
정릉도서관 / 서울특별시 성북구 정릉로 242 (정릉동) / 02-2038-9928

검색어 입력 (종료:0) 0

[도서관 정보 검색 시스템 종료]
>>>
```

실습 11.7 소스코드 설명

- 1행: csv 파일을 읽어올 수 있도록 csv 모듈을 import 합니다.
- 2행: library.csv 파일을 읽기 모드로 열어 file 변수에 저장합니다.
- 3행: file 변수를 읽어와 read_file 변수에 저장합니다.
- 4행: library_list 리스트를 초기화합니다.
- 5·6행: read_file 변수에 저장된 도서관 정보를 하나씩 가져와 line 변수에 저장한 후, library_list 리스트에 추가하는 과정을 반복 실행합니다.
- 7행: 도서관 정보를 library_list 리스트에 모두 저장한 후 열려 있는 library.csv 파일을 닫습니다.
- 9~17행: 이제 도서관 정보 검색 시스템을 무한 반복합니다.
- 10행: 도서관명의 일부 검색어를 입력받아 search_word 변수에 저장합니다.
- 11~13행: 프로그램 종료를 위해 0번을 입력하면 종료 메시지를 출력하고 무한 반복을 종료합니다.
- 15~17행: library_list 리스트에서 도서관 정보를 하나씩 가져와 line에 저장한 후, 도서관명(line[1])에 입력한 검색어(search_word)가 포함되어 있다면 도서관명, 주소, 전화번호를 출력합니다.

실습 11.7에서 다룬 이지 도서관 정보 검색 시스템은 사용자가 입력한 검색어에 따라 출력하는 도서관 정보가 같습니다. 원하는 도서관 정보를 입력받아 해당 정보가 출력되도록 시스템을 확장합니다.

실습 11.8	요구사항

- 검색어를 입력받아 검색어가 포함된 도서관 정보를 검색합니다.
- 검색된 도서관 정보 중에서 출력을 원하는 정보를 입력받습니다.
- 검색된 도서관 정보 중에서 입력받은 도서관 정보만을 출력합니다.

실습 11.8 이지 도서관 정보 검색 시스템

- 도서관 정보 library.csv 파일에 대해서는 [실습 11.7]과 같습니다.

```
                                    ⋮
                                    ⋮
library_info = ['도서관코드','도서관명','주소','상세주소','전화번호','팩스','홈페이지','개관시
간','휴관일']
while True:
                                    ⋮
                                    ⋮
   print(f'\n제공 정보: {library_info[2:]}')
   print_info = input('\n원하는 정보 입력: ').split()
   print('\n[도서관 정보 검색 결과]')
   print('-'*70)

   for line in library_list:
      if search_word in line[1]:
         print(line[1], end=' | ')
         for i in print_info:
            if i in library_info:
               print(line[                    ], end=' | ')
         print()
   print('-'*70)
```

실행결과

```
검색어 입력 (종료:0) 성북

제공 정보: ['주소','상세주소','전화번호','팩스','홈페이지','개관시간','휴관일']

원하는 정보 입력: 개관시간 휴관일
```

```
        [도서관 정보 검색 결과]
        ---------------------------------------------------------------------------
        성북정보도서관 | 09:00~22:00 | 매월 첫째, 셋째 월요일 |
        성북구립 청수도서관 | 09:00~18:00 | 매주 월요일, 일요일을 제외한 법정공휴일 |
        ---------------------------------------------------------------------------
        검색어 입력 (종료:0) 성북

        제공 정보: ['주소','상세주소','전화번호','팩스','홈페이지','개관시간','휴관일']

        원하는 정보 입력: 주소 전화번호

        [도서관 정보 검색 결과]
        ---------------------------------------------------------------------
        성북정보도서관 | 서울특별시 성북구 | 02-962-1081 |
        성북구립 청수도서관 | 서울특별시 성북구 보국문로16가길 | 02-2038-4423 |
        ---------------------------------------------------------------------
        검색어 입력 (종료:0) 0

        [도서관 정보 검색 시스템 종료]
>>>
```

실습 11.8 소스코드 설명

- ~2행: [실습 11.7]과 같아 중략합니다.
- 3행: 도서관 정보에 대한 항목을 library_info 리스트에 초기화합니다.
- 4~19행: 이지 도서관 정보 검색 시스템을 무한 반복합니다.
- 5행~: [실습 11.7]과 같아 중략합니다.
- 7행: library_info 리스트에 저장된 도서관 정보에 대한 항목을 출력합니다.
- 8행: 출력을 원하는 도서관 정보 항목을 입력받아 print_info 리스트에 저장합니다.
- 9~10행: 도서관 정보 검색 결과를 위한 제목을 출력합니다.
- 12~14행: library_list 리스트에서 도서관 정보를 하나씩 가져와 line에 저장한 후, 도서관명(line[1])을 출력합니다.
- 15~17행: 이후 출력을 원하는 도서관 정보 print_info 리스트에서 첫 번째 항목을 가져와 i 변수에 저장한 후, 첫 번째 항목(i)이 library_info 리스트의 몇 번 인덱스에 있는지 알아내어 해당 인덱스 번호로 line 리스트에 접근하여 첫 번째 항목에 대한 도서관 정보를 출력합니다.
- 18행: 첫 번째 항목을 출력 후 줄을 바꿔주고, 원하는 도서관 정보를 출력할 때까지 15~18행을 반복합니다.

실습 11.8에서 출력을 원하는 도서관 정보 항목을 입력받아 출력할 때, sort() 함수를 이용하여 도서관명으로 오름차순 출력하도록 개선해 봅니다.

실습 11.9	요구사항

- 검색된 도서관 정보들을 sort() 함수를 이용하여 정렬합니다.
- 정렬 기준은 두 번째에 있는 도서관명으로 오름차순 정렬합니다.

실습 11.9 이지 도서관 정보 검색 시스템

- 도서관 정보 library.csv 파일에 대해서는 [실습 11.7]과 같습니다.
- sort() 함수는 리스트명.sort()와 같이 작성하면 오름차순으로 정렬됩니다.
- 리스트명.sort(reverse=True)와 같이 작성하면 내림차순으로 정렬됩니다. 만약 리스트명.reverse()로 작성하면 리스트의 내용 위치가 거꾸로 뒤집힙니다. 내림차순 정렬이 아님을 주의합니다.
- sort() 함수에 key 매개변수를 이용하면 다양하게 정렬을 할 수 있는데, 예를 들어 리스트명.sort(key=len)과 같이 작성하면 리스트의 문자열 길이가 작은 길이에서 큰 길이 순으로 오름차순 정렬됩니다.
- sort() 함수의 key 값으로 람다함수를 이용하면 다중리스트의 특정 위치 항목으로 정렬할 수 있습니다. 즉, 리스트명.sort(key=lambda 변수:변수[인덱스번호])와 같이 작성하면 인덱스번호에 해당하는 위치의 항목을 기준으로 정렬할 수 있습니다. 이 문법을 이용하여 두 번째에 있는 도서관명을 중심으로 정렬하여 출력합니다.

실행결과

```
검색어 입력 (종료:0) 강남

제공 정보: ['주소','상세주소','전화번호','팩스','홈페이지','개관시간','휴관일']

원하는 정보 입력: 전화번호

[도서관 정보 검색 결과]
-----------------------------------------------------------------
강남 역삼 푸른솔 도서관 | 02-2051-1178 |
강남구립못골도서관 | 02-459-5522 |
서울특별시교육청강남도서관 | 02-3448-4741 |
안동강남어린이도서관 | 054-840-3901 |
-----------------------------------------------------------------

검색어 입력 (종료:0) 0

[도서관 정보 검색 시스템 종료]
>>>
```

실습 11.9를 완성했다면 두 번째에 있는 도서관명 이외에도 정렬을 원하는 항목을 입력받아 검색한 도서관 정보가 특정 항목에 따라 정렬되는 시스템에 도전해 봅니다.

11.4 무인 카페 자판기 시스템

일상생활에서 자주 사용하는 무인 카페 자판기 시스템 프로그램을 만들어 봅시다.

실습 11.10	요구사항

- 사용자로부터 금액을 입력 받아 구입한 커피를 반환하고 잔액을 반환합니다.
- 금액이 충분하면 커피와 잔액을 반환하고 그렇지 않으면 에러 메시지를 출력합니다.
- 리스트를 사용하여 판매메뉴와 가격을 설정합니다.
- 반복문을 사용하여 판매메뉴와 가격을 출력합니다.
- 무한반복문을 사용하여 메뉴선택, 물품반환, 잔액을 표시합니다.
- 0번 메뉴 선택 시 프로그램을 종료합니다.

실습 11.10 무인 카페 자판기 시스템

```
menu=['카페모카','콜드브루','바닐라라떼','카푸치노','돌체라떼']
price=[4500,5000,6000,6000,7000]

print('** 무인 카페 자판기 판매 메뉴 **')
for i in range(len(menu)):
    print(f'{i+1} : {menu[i]} {price[i]}')

print()

money=int(input('돈을 투입 : '))
print()

while True:
    num=int(input('메뉴 선택 (종료:0) : '))
    if num==0:
        break
    if money <price[num-1]:
        print('잔액부족')
    else:
        print(menu[num-1],'구입완료')
        money=money-price[num-1]

    print('잔액: ', money)
    print()

print(f'자판기 종료, 잔액 {money} 반환')
```

실행결과

```
** 무인 카페 자판기 판매 메뉴 **
1 : 카페모카 4500
2 : 콜드브루 5000
3 : 바닐라라떼 6000
4 : 카푸치노 6000
5 : 돌체라떼 7000

돈을 투입 : 10000

메뉴 선택 (종료:0) : 1
카페모카 구입완료
잔액:  5500
```

```
        메뉴 선택 (종료:0) : 3
        잔액부족
        잔액:  5500

        메뉴 선택 (종료:0) : 0
        자판기 종료, 잔액 5500 반환
>>>
```

실습 11.10	소스코드 설명

- 1~2행: 메뉴와 가격을 리스트에 초기화합니다.
- 4~6행: 무인 카페 자판기에 저장된 메뉴와 가격을 해당 메뉴 번호와 함께 출력합니다.
- 10행: 투입할 돈을 사용자로부터 입력받습니다.
- 13행: 사용자가 잔액이 충분할 동안 메뉴를 선택할 수 있도록 무한 반복 구조를 사용합니다.
- 14행: 사용자로부터 메뉴 선택번호 또는 프로그램 종료 번호를 입력 받습니다.
- 15~16행: 만약, 사용자가 0을 입력하면 프로그램을 종료합니다.
- 17~21행: 만약에 입력한 돈이 무인 카페 자판기 금액보다 작을 경우에는 '잔액부족' 에러 메시지를 출력합니다. 입력한 돈이 충분할 경우 커피를 반환(화면에 출력)하고 '구입완료' 메시지를 출력하고 잔액을 계산합니다.
- 23행: 현재 잔액을 출력합니다.
- 26행: 무인 카페 자판기가 종료되고 최종 잔액을 출력합니다.

위의 무인 카페 자판기 프로그램에서 최종 잔액을 동전으로 교환해주는 기능을 추가하여 빈 칸을 채워 프로그램을 완성하시오.

실습 11.11	추가 요구사항

- 최종 잔액을 천 원 지폐와 500원 동전으로 반환합니다.
- 잔돈은 지폐(1,000원), 500원 단위 순서로 반환되며, 그 이하 단위는 바꿀 수 없습니다.

실습 11.11	무인 카페 자판기 시스템

```python
menu=['카페모카','콜드브루','바닐라라떼','카푸치노','돌체라떼']
price=[4500,5000,6000,6000,7000]

print('** 무인 카페 자판기 판매 메뉴 **')
for i in range(len(menu)):
   print(f'{i+1} : {menu[i]} {price[i]}')

print()

money=int(input('돈을 투입 : '))
```

```
11  print()
12  while True:
13          ⋮
14  c1000 = ______________________________
15  money = ______________________________
16
17  c500 = ______________________________
18  money = ______________________________
19
20  print('자판기 종료')
21  print(f'지폐 : {c1000}장 반환')
22  print(f'동전 : {c500}개  반환')
23  print(f'나머지 : {money} 반환')
```

실행결과

```
        ** 무인 카페 자판기 판매 메뉴 **
        1 : 카페모카 4500
        2 : 콜드브루 5000
        3 : 바닐라라떼 6000
        4 : 카푸치노 6000
        5 : 돌체라떼 7000

        돈을 투입 : 10000

        메뉴 선택 (종료:0) : 1
        카페모카 구입완료
        잔액:  5500

        메뉴 선택 (종료:0) : 0
        자판기 종료
        지폐 : 5장 반환
        동전 : 1개  반환
        나머지 : 0 반환
>>>
```

실습 11.11	소스코드 설명

- 14~15행: 몫과 나머지 연산자를 활용하여 천 원의 개수를 계산하고 나머지 잔돈을 계산합니다.
- 17~18행: 몫과 나머지 연산자를 활용하여 500원의 개수를 계산하고 나머지 잔돈을 계산합니다.
- 21~23행: 천 원 개수와 500원 개수를 출력하고 바꾸지 못한 잔돈도 출력합니다.

앞의 실습 11.11의 무인 카페 자판기 프로그램에서 중요한 기능을 담당하고 있는 판매 메뉴 출력, 커피와 잔액 반환, 최종 잔액에 대한 교환 기능을 함수로 만들어 간결한 프로그램으로 완성해 보시오.

실습 11.12	추가 요구사항

- 무인 카페 자판기에서 판매되는 메뉴와 가격을 출력하는 기능을 함수로 정의합니다(함수명: sell_menu).
- 커피 반환과 잔액 반환 부분을 출력하는 기능을 함수로 정의합니다(함수명: drink).
- 최종 잔액을 지폐와 동전으로 교환해주는 기능을 함수로 정의합니다(함수명: change).
- 메인 코드에서 함수를 각각 호출한 후에 실행결과를 확인합니다.

실습 11.12 무인 카페 자판기 시스템

```
def sell_menu():
    

def drink(price):
    

def change():
    

# 메인코드

menu=['카페모카','콜드브루','바닐라라떼','카푸치노','돌체라떼']
price=[4500,5000,6000,6000,7000]

sell_menu() # 사용자 정의 함수 호출

money=int(input('돈을 투입 : '))
print()

drink() # 사용자 정의 함수 호출
change() # 사용자 정의 함수 호출
```

실행결과

```
** 무인 카페 자판기 판매 메뉴 **
1 : 카페모카 4500
2 : 콜드브루 5000
3 : 바닐라라떼 6000
4 : 카푸치노 6000
5 : 돌체라떼 7000

돈을 투입 : 10000

메뉴 선택 (종료:0) : 3
바닐라라떼 구입완료
잔액:  4000

메뉴 선택 (종료:0) : 1
잔액부족
잔액:  4000

메뉴 선택 (종료:0) : 0
자판기 종료
지폐 : 4개 반환
동전 : 0개  반환
나머지 : 0 반환
```

11.5 전자 출석부 프로그램

학교에서 매 강의 시간마다 전자 출결 처리하는 프로그램을 만들어 봅시다.

실습 11.13	요구사항

- 사용자에게 각 강의마다 출석인지 결석인지를 질문하여 리스트에 저장합니다.
  1) 한 학기 수업 주차를 입력 받습니다.
  2) 출석(1), 결석(0)으로 리스트에 저장합니다.
  3) 출석 횟수와 결석 횟수를 출력합니다.
- 한 학기 수업 주차는 15주입니다(프로그램 테스트: 5주차로 가정하고 테스트해 봅니다).

실습 11.13 전자 출석부 프로그램

```
1  day=int(input('수업주차 입력 : '))
2  att_book=[0]*day
3
4  for i in range(day):
5     print(f'{i+1}주차 강의에 출석하셨나요?')
6     att_book[i]=int(input('출석은 1, 결석은 0 >>>'))
7
8  print(att_book)
9
10 cnt=att_book.count(0)
11 att=att_book.count(1)
12
13 print(f'결석 횟수 : {cnt}')
14 print(f'출석 횟수 : {att}')
```

실행결과

```
    한 학기 수업주차 입력 : 5
    1주차 강의에 출석하셨나요?
    출석은 1, 결석은 0 >>>1
    2주차 강의에 출석하셨나요?
    출석은 1, 결석은 0 >>>1
    3주차 강의에 출석하셨나요?
    출석은 1, 결석은 0 >>>1
    4주차 강의에 출석하셨나요?
    출석은 1, 결석은 0 >>>0
    5주차 강의에 출석하셨나요?
    출석은 1, 결석은 0 >>>0
    [1, 1, 1, 0, 0]
    결석 횟수 : 2
    출석 횟수 : 3
>>>
```

실습 11.13 소스코드 설명

- 1행: 한 학기 수업 주차를 입력 받습니다.
- 2행: 수업 주차만큼 리스트를 0으로 초기화합니다.
- 4~6행: 사용자에게 출석 여부를 묻고 리스트에 저장하는 과정을 수업 주차만큼 반복합니다.
- 8행: 리스트에 저장된 출석부 내용을 전체 출력합니다.
- 10행: 리스트에서 0의 개수를 계산합니다(결석 횟수).
- 11행: 리스트에서 1의 개수를 계산합니다(출석 횟수).

- 13행: 결석 횟수를 출력합니다.
- 14행: 출석 횟수를 출력합니다.

전자 출석부에서 출석률과 결석률을 백분율('%')단위로 출력하고 결석률이 '30% 이상이면' 경고 메시지를 출력하는 기능을 추가하여 프로그램의 빈 칸을 채워 완성해 보시오.

실습 11.14	추가 요구사항

- 출석률(absent_ratio)과 결석률(att_ratio)을 계산하여 출력합니다.
- 결석률이 30% 이상이면 '수업일수 부족으로 학점을 부여 받을 수 없다.'는 경고 메시지를 출력합니다.

실습 11.14 전자 출석부 프로그램

```
day=int(input('수업주차 입력 : '))
att_book=[0]*day

for i in range(day):
    print(f'{i+1}주차 강의에 출석하셨나요?')
    att_book[i]=int(input('출석은 1, 결석은 0 >>>'))

cnt=att_book.count(0)
att=att_book.count(1)






if ratio>=0.3:
    print('수업일수 부족입니다.')

print(f'결석 횟수 : {cnt}')
print(f'출석 횟수 : {att}')
print(f'결석률은 {absent_ratio}%%입니다.')
print(f'출석률은 {att_ratio}%%입니다.')
```

실행결과

```
업주차 입력 : 5
1주차 강의에 출석하셨나요?
출석은 1, 결석은 0 >>>1
2주차 강의에 출석하셨나요?
```

```
        출석은 1, 결석은 0 >>>1
        3주차 강의에 출석하셨나요?
        출석은 1, 결석은 0 >>>1
        4주차 강의에 출석하셨나요?
        출석은 1, 결석은 0 >>>0
        5주차 강의에 출석하셨나요?
        출석은 1, 결석은 0 >>>0
        [1, 1, 1, 0, 0]
        수업일수 부족입니다.
        결석 횟수 : 2
        출석 횟수 : 3
        결석률은 40.0%%입니다.
        출석률은 60.0%%입니다.
>>>
```

실습 11.14 소스코드 설명

- 11행: 결석률을 계산합니다.
- 12행: 결석률을 백분율로 계산합니다.
- 13행: 출석률을 백분율로 계산합니다.
- 16~17행: 결석률이 30% 이상이면 경고 메시지를 출력합니다.
- 19~20행: 결석 횟수와 출석 횟수를 출력합니다.
- 21~22행: 결석률과 출석률을 백분율(%)로 출력합니다.

앞의 실습 11.14의 출석부 저장, 출석횟수와 결석횟수 계산 기능, 출석률과 결석률 계산 기능 부분을 함수로 만들어 간결한 프로그램으로 완성해 보시오.

실습 11.15 추가 요구사항

- 출석부 저장: save(day,att_book)
  한 학기 수업일수와 출석부리스트를 인수로 전달합니다.
- 출석 횟수와 결석 횟수 계산: count()
- 출석률과 결석률 계산: ratio_print()
  global 예약어를 사용하여 함수 내부에서 전역변수의 값을 변경합니다.

실습 11.15 전자 출석부 프로그램

```
def save():
```

```
def count():
    [                                        ]

def ratio_print():
    [                                        ]

# 메인코드
day=int(input('수업주차 입력 : '))
att_book=[0]*day
cnt, att=0,0
ratio,absent_ratio,att_ratio=0,0,0

save() # 사용자 정의 함수 호출
count() # 사용자 정의 함수 호출
ratio_print() # 사용자 정의 함수 호출

if ratio>=0.3:
   print('수업일수 부족입니다.')

print(f'결석 횟수 : {cnt}')
print(f'출석 횟수 : {att}')
print(f'결석률은 {absent_ratio}%%입니다.')
print(f'출석률은 {att_ratio}%%입니다.')
```

실행결과

```
수업주차 입력 : 5
1주차 강의에 출석하셨나요?
출석은 1, 결석은 0 >>>1
2주차 강의에 출석하셨나요?
출석은 1, 결석은 0 >>>1
3주차 강의에 출석하셨나요?
출석은 1, 결석은 0 >>>0
4주차 강의에 출석하셨나요?
출석은 1, 결석은 0 >>>1
5주차 강의에 출석하셨나요?
출석은 1, 결석은 0 >>>0
수업일수 부족입니다.
```

```
결석 횟수 : 2
출석 횟수 : 3
결석률은 40.0%%입니다.
출석률은 60.0%%입니다.
```

11.6 가위바위보 게임

사용자와 컴퓨터가 가위바위보 게임을 진행합니다. 컴퓨터는 가위, 바위, 보 중 하나를 랜덤하게 선택하며, 사용자는 자신의 선택을 입력합니다. 게임의 승패를 판단하여 결과를 출력하는 프로그램을 작성해 봅시다.

실습 11.16 요구사항

- 입력 조건
  - 사용자로부터 ID(사용자 이름)를 입력 받습니다.
  - 사용자는 가위, 바위, 보 중 하나를 입력합니다.
  - 입력 값이 유효하지 않은 경우 "입력 오류"를 출력하고 게임을 진행하지 않습니다.
- 게임 진행 조건
  - 컴퓨터는 가위, 바위, 보 중 하나를 랜덤하게 선택합니다.
  - rule(Dictionary)를 사용하여 승리 규칙을 저장합니다.
    * 가위는 보를 이기고 바위에 집니다(가위:보).
    * 바위는 가위를 이기고, 보에 집니다(바위:가위).
    * 보는 바위를 이기고, 가위에 집니다(보:바위).
  - 사용자와 컴퓨터의 선택을 비교하여 승자를 저장합니다.
- 출력 조건
  - 컴퓨터와 사용자의 값을 출력합니다.
  - 승리자(사용자ID, 컴퓨터, 비김)를 출력합니다.

실습 11.16 가위, 바위, 보 게임

```
import random
rules = {
    '가위': '보',
    '바위': '가위',
    '보': '바위'
}
# 사용자 ID 입력
```

```
3   game_id = input('ID: ')

    # 사용자 입력 및 유효성 검사
4   human = input(f'{game_id}님! 가위, 바위, 보 중 하나를 입력하시오: ')
5   if human not in rules:
6       print('입력 오류: 가위, 바위, 보 중에서 선택하세요.')
7   else:
        # 컴퓨터 선택
8       com = random.choice(list(rules.keys()))

        # 승패 판별
9       if human == com:
10          win = '비김'
11      elif rules[human] == com:
12          win = game_id  # 사용자가 승리
13      else:
14          win = '컴퓨터'  # 컴퓨터가 승리

        # 결과 출력
15      print(f'컴퓨터: {com} vs {game_id}: {human}')
16      print(f'승자는 {win}!')
```

실행결과

```
ID: 동동일 [Enter]
동동일님! 가위, 바위, 보 중 하나를 입력하시오: 바위 [Enter]
컴퓨터: 가위 vs 동동일: 바위
승자는 동동일!
```

실습 11.16 소스코드 설명

- 1행: 컴퓨터가 가위, 바위, 보 중 하나를 랜덤으로 선택하기 위해 random 모듈을 가져옵니다.
- 2행: 각 항목의 승리 상대를 정의하여 승리 규칙을 rules라는 사전(Dictionary)으로 저장합니다(예: {'가위':'보'}는 '가위'는 '보'를 이긴다는 의미입니다).
- 3행: 사용자 ID를 문자열로 입력 받습니다.
- 4행: 사용자가 가위, 바위, 보 중 하나를 선택하여 입력한 값을 human 변수에 저장합니다.
- 5~6행: 사용자가 rules에 정의된 키(가위, 바위, 보) 중 하나를 입력하지 않았다면 오류 메시지를 출력하고 게임이 종료됩니다.
- 7행: 5행이 참이 아니라면(사용자가 rules에 정의된 키(가위, 바위, 보) 중 하나를 입력했다면) 8~16행을 실행합니다.
- 8행: rules 딕셔너리의 키(즉, 가위, 바위, 보) 중 하나를 랜덤으로 선택하여 com에 저장합니다.
- 9~10행: 사용자의 선택(human)과 컴퓨터의 선택(com)이 같으면 결과(win)에 비김으로 저장합니다.

- 11~12행: 9행이 참이 아니고 만약 rules[human]의 값(사용자가 이길 수 있는 상대)이 컴퓨터의 선택(com)과 같으면 결과(win)에 사용자(game_id)를 저장합니다.
- 13~14행: 9행이 참이 아니고 11행도 참이 아니라면 결과(win)에 컴퓨터를 저장합니다.
- 15행: 사용자와 컴퓨터의 선택을 출력합니다.
- 16행: 결과(win)에 저장된 승자를 출력합니다.

앞의 실습 11.16은 가위, 바위, 보 게임은 한 번만 게임을 진행할 수 있는 프로그램입니다. 이를 개선하여 먼저 3승을 하면 이기는 게임으로 프로그램을 만들려고 합니다. 밑줄 친 곳을 채워 프로그램을 완성해 봅시다.

실습 11.17 추가 요구사항

- 이긴 횟수 저장 변수 추가
  - 사람의 이긴 횟수와 컴퓨터가 이긴 횟수를 저장하기 위한 변수를 선언합니다(사람: human_count, 컴퓨터: com_count).
- 게임 진행 조건
  - 가위, 바위, 보 게임을 무한히 반복합니다.
  - 단, 컴퓨터 또는 사용자가 3승에 도달하면 게임을 종료합니다.
  - 게임이 진행되는 각 라운드의 결과를 출력하며, 누적 횟수를 갱신합니다.
- 출력

  각 라운드마다
  - 사용자와 컴퓨터의 선택을 출력합니다.
  - 라운드의 승리자를 출력합니다.
  - 현재 점수를 출력합니다.

  그리고 게임 종료 시 최종 승자를 출력합니다.

실습 11.17 가위, 바위, 보 게임 프로그램

```
import random
# 승리 규칙을 딕셔너리로 정의
rules = {
    '가위': '보',
    '바위': '가위',
    '보': '바위'
}
# 사용자 ID 입력
game_id = input('ID: ')
# 이긴 횟수 초기화
human_count,com_count = 0,0
# 게임 진행
________________________ :
```

```
    # 사용자 입력 및 유효성 검사
    human = input(f'{game_id}님! 가위, 바위, 보 중 하나를 입력하시오: ')
    if human not in rules:
        print('입력 오류: 가위, 바위, 보 중에서 선택하세요.')
        continue
    # 컴퓨터 선택
    com = random.choice(list(rules.keys()))
    # 승패 판별
    if human == com:
        win = '비김'
    elif rules[human] == com:
        win = game_id  # 사용자가 승리
        ____________________
    else:
        win = '컴퓨터'  # 컴퓨터가 승리
        ____________________
    # 라운드 결과 출력
    print(f'컴퓨터: {com} vs {game_id}: {human}')
    print(f'승자는 {win}!')
    print(f'현재 점수 - {game_id}: {________}승, 컴퓨터: {________ }승')
    # 종료 조건
    if ____________________:
        break
# 최종 승자 출력
if human_count == 3:
    final = game_id
else:
    final = '컴퓨터'
print(f'최종 승자는 {final}입니다!')
```

실행결과

```
ID: 동동일
동동일님! 가위, 바위, 보 중 하나를 입력하시오: 가위 [Enter]
컴퓨터: 가위 vs 동동일: 가위
승자는 비김!
현재 점수 - 동동일: 0승, 컴퓨터: 0승
동동일님! 가위, 바위, 보 중 하나를 입력하시오: 바위 [Enter]
컴퓨터: 가위 vs 동동일: 바위
승자는 동동일!
현재 점수 - 동동일: 1승, 컴퓨터: 0승
동동일님! 가위, 바위, 보 중 하나를 입력하시오: 보 [Enter]
컴퓨터: 가위 vs 동동일: 보
승자는 컴퓨터!
```

```
현재 점수 - 동동일: 1승, 컴퓨터: 1승
동동일님! 가위, 바위, 보 중 하나를 입력하시오:  가위 [Enter]
컴퓨터: 보 vs 동동일: 가위
승자는 동동일!
현재 점수 - 동동일: 2승, 컴퓨터: 1승
동동일님! 가위, 바위, 보 중 하나를 입력하시오:  바위 [Enter]
컴퓨터: 바위 vs 동동일: 바위
승자는 비김!
현재 점수 - 동동일: 2승, 컴퓨터: 1승
동동일님! 가위, 바위, 보 중 하나를 입력하시오:  보 [Enter]
컴퓨터: 가위 vs 동동일: 보
승자는 컴퓨터!
현재 점수 - 동동일: 2승, 컴퓨터: 2승
동동일님! 가위, 바위, 보 중 하나를 입력하시오:  가위 [Enter]
컴퓨터: 바위 vs 동동일: 가위
승자는 컴퓨터!
현재 점수 - 동동일: 2승, 컴퓨터: 3승
최종 승자는 컴퓨터입니다!
```

실습 11.17 소스코드 설명

- 5행: 사용자와 컴퓨터의 이긴 횟수를 각각 0으로 초기화합니다.
- 6행: 게임을 무한 반복합니다(7~24행 반복).
- 8~10행: 사용자 입력이 올바르지 않으면 오류 메시지를 출력하고 continue로 반복문 시작 지점으로 돌아갑니다.
- 14~16행: 사용자가 승리했으므로 사용자의 이긴 횟수를 1 증가하여 갱신합니다.
- 17~19행: 컴퓨터가 승리했으므로 컴퓨터의 이긴 횟수를 1 증가하여 갱신합니다.
- 20~22행: 컴퓨터와 사용자의 선택, 각 라운드의 승자, 현재 점수를 출력합니다.
- 23~24행: 사용자 또는 컴퓨터 중 한쪽이 3승이 되면 반복문을 종료합니다.
- 25~28행: 사용자(human_count)가 3승이면 최종 승자(final)는 game_id를 저장하고, 컴퓨터(com_count)가 3승이면 최종 승자(final)는 '컴퓨터'를 저장합니다.
- 29행: 최종 승자를 출력합니다.

앞의 실습 11.17의 가위, 바위, 보 게임에서 게임규칙이 적용되는 부분을 함수로 만들어 간결한 프로그램으로 완성해 봅시다.

실습 11.18 추가 요구사항

- 게임 규칙에 따라 승자를 결정하는 함수를 작성합니다.
  - 함수명: winner
  - 인수: game_id, 사용자와 컴퓨터의 선택
  - 리턴값: 승자, 사용자 승리 여부, 컴퓨터 승리 여부
    * 사용자가 승리하면 (game_id, 1, 0) 리턴

* 컴퓨터가 승리하면 ('컴퓨터', 0, 1) 리턴
* 비기면 ('비김', 0, 0) 리턴

실습 11.18 가위, 바위, 보 게임

```
import random
# 승리 규칙을 딕셔너리로 정의
rules = {
    '가위': '보',
    '바위': '가위',
    '보': '바위'
}
```

```




```

```
# 사용자 ID 입력
game_id = input('ID: ')
# 승패 횟수 초기화
human_count, com_count = 0, 0
# 게임 진행
____________________________:
    # 사용자 입력 및 유효성 검사
    human = input(f'{game_id}님! 가위, 바위, 보 중 하나를 입력하시오: ')
    if human not in rules:
        print('입력 오류: 가위, 바위, 보 중에서 선택하세요.')
        continue
    # 컴퓨터 선택
    com = random.choice(list(rules.keys()))
    # 승패 판정
    winner, human_win, com_win = ____________________________
    human_count += ____________________________
    com_count += ____________________________
```

```
    # 라운드 결과 출력
    print(f'컴퓨터: {com} vs {game_id}: {human}')
    print(f'현재 점수 - {game_id}: {__________ }승, 컴퓨터: {__________}승')
    # 종료 조건
    if ___________________________ :
        break
# 최종 승자 출력
if human_count == 3:
    final = game_id
else:
    final = '컴퓨터'
print(f'최종 승자는 {final}입니다!')
```

실행결과

```
ID:  동동일 Enter
동동일님! 가위, 바위, 보 중 하나를 입력하시오:  가위 Enter
컴퓨터: 가위 vs 동동일: 가위
현재 점수 - 동동일: 0승, 컴퓨터: 0승
동동일님! 가위, 바위, 보 중 하나를 입력하시오:  바위 Enter
컴퓨터: 보 vs 동동일: 바위
현재 점수 - 동동일: 0승, 컴퓨터: 1승
동동일님! 가위, 바위, 보 중 하나를 입력하시오:  보 Enter
컴퓨터: 보 vs 동동일: 보
현재 점수 - 동동일: 0승, 컴퓨터: 1승
동동일님! 가위, 바위, 보 중 하나를 입력하시오:  가위 Enter
컴퓨터: 가위 vs 동동일: 가위
현재 점수 - 동동일: 0승, 컴퓨터: 1승
동동일님! 가위, 바위, 보 중 하나를 입력하시오:  바위 Enter
컴퓨터: 보 vs 동동일: 바위
현재 점수 - 동동일: 0승, 컴퓨터: 2승
동동일님! 가위, 바위, 보 중 하나를 입력하시오:  보 Enter
컴퓨터: 바위 vs 동동일: 보
현재 점수 - 동동일: 1승, 컴퓨터: 2승
동동일님! 가위, 바위, 보 중 하나를 입력하시오:  가위 Enter
컴퓨터: 보 vs 동동일: 가위
현재 점수 - 동동일: 2승, 컴퓨터: 2승
동동일님! 가위, 바위, 보 중 하나를 입력하시오:  바위 Enter
컴퓨터: 보 vs 동동일: 바위
현재 점수 - 동동일: 2승, 컴퓨터: 3승
최종 승자는 컴퓨터입니다!
```

11.7 연락처 어플 만들기

스마트폰을 보면 이름, 전화번호, 이메일 등을 저장하고 관리할 수 있는 연락처 어플이 있습니다. 연락처 어플을 파이썬으로 만들어 봅시다.

실습 11.19	요구사항

사용자가 이름, 연락처, 이메일을 입력하면 연락처 목록에 저장되는 프로그램을 작성합니다. 이미 저장된 이름이 입력되면 사용자에게 알림을 제공하고, 새롭게 추가하거나 기존 데이터를 업데이트할 수 있도록 합니다. 프로그램은 종료 시까지 반복 실행되며, 메뉴를 통해 데이터를 추가하거나 종료할 수 있습니다.

- 입력
  - 메뉴 입력: 1: 연락처 등록, 0: 프로그램 종료
  - 연락처 입력
    * 이름, 연락처, 이메일을 공백으로 구분하여 입력합니다.
    * 이미 저장된 이름이 입력되면, 새로운 이름을 추가할지 기존 데이터를 업데이트할지 선택하여 저장합니다.
    * 연락처를 저장하는 딕셔너리(datadic)의 키(key)는 이름(name), 값(value)은 연락처(tel)와 이메일(email)을 저장한 리스트로 구성됩니다.
- 데이터 중복 처리
  - 동일한 이름이 존재할 경우
    * '0' 이외의 다른 값을 입력하면 이름에 숫자를 추가하여 새롭게 저장됩니다(예: 기존 이름이 bbora일 경우, bbora0, bbora1 등으로 저장).
    * '0' 이외의 다른 값을 입력하면 기존 데이터를 새 입력값으로 업데이트합니다.

실습 11.19 연락처 어플 프로그램

```
print("메뉴 종류")
print('1: 추가, 0: 종료')
datadic = {}
while True:

    menu = input("메뉴: ")
    if menu == '1':
        name, tel, email = input('이름, 연락처, email : ').split()
        if name in datadic:
            alert = input("저장된 이름이 있습니다. 새롭게 추가하려면 0을 입력하세요: ")
            if alert == '0':
                for i in range(10):
                    new_name = f'{name}{i}'
                    if new_name not in datadic:
                        datadic[new_name] = [tel, email]
                        print(f'{new_name}으로 저장되었습니다')
                        break
```

```
17            else:
18               datadic[name] = [tel, email]
19               print('기존 이름으로 저장이 업데이트되었습니다.')
20         else:
21            datadic[name] = [tel, email]
22            print('새로운 이름이 저장되었습니다.')
23      elif menu == '0':
24         print('프로그램을 종료합니다.')
25         break
26      else:
27         print('입력 오류: 1 또는 0을 입력하세요.')
```

실행결과

```
메뉴 종류
1: 추가, 0: 종료
메뉴선택: 1 Enter
이름, 연락처, email : 동동일 000-111-1111 python@ac.kr Enter
새로운 이름이 저장되었습니다.
메뉴선택: 1
이름, 연락처, email : 동동일 010-222-2222 java@ac.kr Enter
저장된 이름이 있습니다. 새롭게 추가하려면 0을 입력하세요: 0 Enter
동동일0으로 저장되었습니다
메뉴선택: 0 Enter
프로그램을 종료합니다.
```

실습 11.19	소스코드 설명

- 3행: 연락처를 저장할 딕셔너리 datadic를 초기화합니다.
- 4행: 무한 루프를 시작한다. 프로그램은 종료 조건(menu == '0')을 만날 때까지 계속 실행됩니다.
- 5행: 사용자로부터 메뉴를 입력받아 menu에 저장합니다.
- 6행: 만약 입력받은 메뉴가 '1'이라면 6~22행을 실행합니다.
- 7행: 사용자로부터 이름, 연락처, 이메일을 공백으로 구분해 입력받아 각각의 변수에 저장합니다.
- 8행: 입력한 이름이 이미 연락처(datadic)에 저장되어 있다면 9~19행을 실행합니다.
- 9~10행: 만약 0을 입력하면 11~16행을 실행합니다.
- 11~16행: 반복문(for)을 이용하여 이름에 숫자를 추가하여 새로운 이름을 생성(name0, name1, ...)하고 이 이름이 연락처(datadic)에 존재하지 않으면 연락처에 저장하고 반복문(for)을 종료합니다.
- 17~19행: 10행이 참이 아니라면 기존 이름에 연락처를 업데이트합니다.
- 20~22행: 8행이 참이 아니라면(기존에 저장된 사람이 아니라면) 연락처에 저장합니다.
- 23행: 6행이 참이 아니고 만약 입력 받은 메뉴가 '0'이라면 반복문을 빠져나와 프로그램을 종료합니다.
- 24행: 모든 조건을 만족하지 않으면(메뉴번호가 1또는 0이 아니면) '입력오류'를 출력합니다.

앞의 실습 11.19로 만든 연락처 어플 프로그램에 이름 찾기 기능을 추가합니다. 이름을 검색하여 연락처에 저장되어 있으면 해당 연락처 정보를 모두 출력할 수 있도록 프로그램의 밑줄 친 곳을 채워 완성해 봅시다.

실습 11.20	추가 요구사항

- 찾기 메뉴는 메뉴번호 2로 정합니다.
- 메뉴 '2'를 입력한 후에 찾을 사람의 이름을 입력하여 저장(변수명: find)합니다.
- 만약 찾는 이름이 연락처(datadic)에 있으면 이름, 전화번호, e-mail이 모두 출력됩니다.
- 찾는 이름이 연락처에 없으면 '해당 정보가 없습니다'를 출력합니다.

실습 11.20 연락처 어플 프로그램

```
print('메뉴 종류')
print('1: 추가, 2: 찾기, 0: 종료')
datadic = {}
while True:

    menu = input('메뉴선택: ')
    if menu == '1':
        name, tel, email = input('이름, 연락처, email : ').split()
        if name in datadic:
            alert = input("저장된 이름이 있습니다. 새롭게 추가하려면 0을 입력하세요: ")
            if alert == '0':
                for i in range(10):
                    new_name = f'{name}{i}'
                    if new_name not in datadic:
                        datadic[new_name] = [tel, email]
                        print(f'{new_name}으로 저장되었습니다')
                        break
            else:
                datadic[name] = [tel, email]
                print('기존 이름으로 저장이 업데이트되었습니다.')
        else:
            datadic[name] = [tel, email]
            print('새로운 이름이 저장되었습니다.')
    elif menu=='2':
        ____________________________________________
        ____________________________________________
        ____________________________________________
        else:
            print('해당 정보가 없습니다')
    elif menu == '0':
```

```
29         print('프로그램을 종료합니다.')
30         break
31     else:
32         print('입력 오류: 1 또는 0을 입력하세요.')
```

실행결과

```
메뉴 종류
1: 추가, 2: 찾기, 0: 종료
메뉴선택:  1 Enter
이름, 연락처, email :  동동일 010-1111-1111 python@ac.kr Enter
새로운 이름이 저장되었습니다.
메뉴선택:  2 Enter
이름: 동동삼 Enter
해당 정보가 없습니다
메뉴선택:  2 Enter
이름: 동동일 Enter
동동일: 010-1111-1111, python@ac.kr
메뉴선택:  0 Enter
프로그램을 종료합니다.
```

실습 11.20 소스코드 설명

- 22행: 입력받은 메뉴가 '2'라면 23~27행을 실행합니다.
- 23행: 찾을 사람의 이름을 입력하여 find에 저장합니다.
- 24행: 찾는 사람의 이름이 연락처에 있다면 25행을 실행합니다.
- 25행: 찾는 사람의 이름을 키(key)로 가지고 있는 값(연락처: datadic[find][0], 이메일: datadic[find][1])을 출력합니다.
- 26~27행: 24행이 참이 아니라면 '해당정보가 없습니다.'를 출력합니다.

실습 11.19와 실습 11.20의 각 메뉴를 함수로 만들어 간결한 프로그램으로 완성해 봅시다.

실습 11.21 추가 요구사항

사용자가 메뉴를 입력하면, 선택한 번호에 따라 다음 함수를 호출하여 실행합니다.

- 추가 메뉴: add(datadic)
  - 함수명: add
  - 인수(datadic): 연락처 데이터를 저장하는 딕셔너리
  - 리턴값 없음
- 찾기 메뉴: find_contact(datadic)
  - 함수명: find_contact
  - 인수(datadic): 연락처 데이터를 저장하는 딕셔너리
  - 리턴값 없음

실습 11.21 연락처 어플 프로그램

```
# 연락처 추가: add(datadic)
```

```
# 연락처 찾기: find_contact(datadic)
```

```
while True:
    menu = input("메뉴선택: ")
    if menu == '1':
        add_contact(datadic)
    elif menu == '2':
        find_contact(datadic)
    elif menu == '0':
        print('프로그램을 종료합니다.')
        break
    else:
        print('입력 오류: 1 또는 0을 입력하세요.')
```

실행결과

```
메뉴 종류
1: 추가, 2: 찾기, 0: 종료
메뉴선택:  1 Enter
이름, 연락처, email :  동동일 010-1111-1111 python@ac.kr Enter
새로운 이름이 저장되었습니다.
메뉴선택:  2 Enter
이름: 동동삼 Enter
해당 정보가 없습니다
메뉴선택:  2 Enter
이름: 동동일 Enter
동동일: 010-1111-1111, python@ac.kr
메뉴선택:  0 Enter
프로그램을 종류합니다.
```

찾아보기

저자 소개

양숙희 | Yang Sukhee
ysh8460@skku.edu

양숙희 교수는 동국대학교에서 경영정보전공 경영학박사 학위를 취득하였으며, 2003년부터 현재까지 신구대 겸임교수이고 건국대, 경기대, 연세대, 단국대, 이화여대에 출강 중이며, 2012년부터 현재까지 연소프트 기술지원 팀장, 2018년부터 현재까지 성균관대학교 소프트웨어대학 겸임교수, 2022년부터 현재까지 단국대학교 자유교양대학 초빙교수로 재직 중이다. 컴퓨터활용능력, 오피스 활용, 데이터 분석, 프로그래밍 등 다양한 분야의 저서를 집필하였다.

장은실 | Jang Eunsill
esjang@joongbu.ac.kr

장은실 교수는 동국대학교에서 컴퓨터공학전공 공학박사 학위를 취득하였으며, 2018~2020년에 성균관대학교 소프트웨어대학 초빙교수와 2020~2021년에 한양대학교 소프트웨어학부 SW교육전담교수를 거쳐 2021년부터 현재까지 중부대학교 학생성장교양학부 조교수로 재직 중이다. 행정중심복합도시건설청 및 과천도시공사 기술자문위원, 고양특례시 및 부천시 자문위원, 조달청 평가위원 등으로 활동 중이며, 컴퓨팅 기반 문제해결, 데이터 분석, 프로그래밍 등의 저서를 집필하였다.

오경선 | Oh Kyungsun
skyal@konkuk.ac.kr

오경선 교수는 성균관대학교에서 컴퓨터교육전공 교육학박사 학위를 취득하였으며, 2017~2019년에 단국대학교 SW중심대학사업단 강의전담 조교수를 거쳐 2019년부터 현재까지 건국대학교 상허교양대학 조교수로 재직 중이다. 컴퓨팅 사고, 데이터 분석, 프로그래밍 등 다양한 분야의 저서를 집필하였다.